廣州原點

考古手記

南越王宫博物馆　编著
趣至文化　绘

广州新华出版发行集团
广州出版社

图书在版编目（CIP）数据

广州原点考古手记 / 南越王宫博物馆编著；趣至文化绘. — 广州 ：广州出版社，2019.8
ISBN 978-7-5462-2946-1

Ⅰ. ①广… Ⅱ. ①南… ②趣… Ⅲ. ①南越（古族名）—文物—介绍—广州 Ⅳ. ①K872.651

中国版本图书馆 CIP 数据核字（2019）第 158000 号

GUANGZHOU YUANDIAN KAOGU SHOUJI
广州原点考古手记　　南越王宫博物馆　编著
　　　　　　　　　　趣至文化　　　　绘

封面题字：柳　洋
责任编辑：刘宗贵　卢嘉茜　刘　甲
责任校对：黄焕姗
美术设计：趣至文化
出版发行：广州出版社
（地址：广州市天河区天润路 87 号广建大厦 9 楼、10 楼　邮政编码：510095）
印　　刷：广东信源彩色印务有限公司
（地址：广州市番禺区南村镇南村村东兴工业园　邮政编码：510000）
规　　格：787 mm × 1092 mm　1/16
印　　张：8.5
字　　数：70 千
版　　次：2019 年 8 月第 1 版
印　　次：2019 年 8 月第 1 次
书　　号：ISBN 978-7-5462-2946-1
定　　价：58.00 元

《广州原点考古手记》编委会

前言

“五羊献穗”是每个广州人都耳熟能详的故事。和其他很多地方一样，这里的先人也会借助神话来解释一个想知却未可知的疑问——我们的家乡如何起源？然而，神话虽寄托了人们对家乡的朴素情感，却并非对上述问题的客观解答。千百年来，先人们的追问并未停歇，浩瀚的史书是寻找答案的主要依据。

广州“有史可考”的阶段始于秦汉时期。《史记》《汉书》里这样记述广州建城之初的历史轮廓：秦始皇灭六国后，派遣五路大军统一岭南；秦朝灭亡后，原秦将赵佗据有岭南建立南越国；汉武帝派兵灭南越国，岭南大地回归汉帝国版图。这也是广州考古界泰斗麦英豪先生所说的，秦汉时期岭南蕃禺（今广州）的三个重大历史事件。

今天，我们还能否在这片土地上找到以上事件的真实证据？自20世纪70年代以来，因配合建设而开展的城市考古工作对该问题给予肯定的回答：证据就埋藏在广州老城区中心的南越国宫署遗址。这里曾经是两千多年前南越国的宫殿和御苑，也是自秦统一岭南以来历代郡、县、州、府官署所在地——文献和考古资料均证实，这里就是广州城市发展的“原点”。

本书将选取遗址内最具代表性的遗迹和文物，利用发掘日记和图纸等第一手考古材料，通过组织它们出土时的故事片段，解读背后的历史信息，演绎考古学家如何为历史研究提供资料和补充信息，从而进一步还原广州建城之初的社会生活面貌。通过本书，望读者能对广州“原点”的考古工作和广州的历史发展有所认识。

南越王宫博物馆专家领导对本书的编写给予指导，陈列考古研究部和文物保护管理部的同事提供了支持和协助，广州美术学院柳洋老师为本书题写了书名，在此表示诚挚的感谢！本书具体编写工作由南越王宫博物馆宣传拓展部负责：第一章徐莹、施梵，第二章梁艳萍，第三章徐莹，第四章乔娇，第五章杨天丽，第六章陈雨、施梵、徐莹；章昀、李颖明、徐莹负责统稿。因编者水平所限，书中错漏难免，敬请专家学者和读者提出宝贵意见！

编者

2019年8月

目录

第一章 地下王国——城市中心的发现

- 意外也是意料之中的发现 3
- 寻找古城的根源 5
- 南越国遗迹的确认 7
- 好戏还在后头 8
- 南越国宫署轮廓逐渐清晰 12
- 城市考古的幸运儿 15
- 城市考古的保护难题 17
- 历史上的南越国 19
- 岭南两千年中心地 21

第二章 厚土之下——活着的秦砖汉瓦

- 废墟之中的发现 25
- 不同规格的方砖 27
- 独一无二的转角砖 29
- 华丽繁复的砖块纹饰 31
- 彰显身份的熊饰踏跺 33
- 种类多样的瓦件 35
- 寓意吉祥的“万岁”瓦当 37
- 我国最早的带釉砖瓦 39
- 物勒工名，以考其诚 41

第三章 井底的秘密——南越木简

- 藏在井底的南越木简 45
- 木简的起取和保护 47
- 是谁留下的文字？ 49
- 王宫档案：公主是谁？ 51
- 南越国的“大鸡官” 53
- 犯错的御苑管家 55
- 南越王宫的“灭鼠行动” 57
- 用鸡交租的“中官租” 59
- 作为补充的岭南文书 61

第四章 盛唐遗风——南汉王宫
• 揭开南汉发掘的序幕 65
• 相隔千年的巧合 67
• 王宫的辉煌：蝶恋花纹方砖 69
• 权力的符号：黄釉鸱吻 71
• 用于辟邪的保护神：兽面砖 73
• 史书中的南汉国 75
• 气势恢宏的兴王府 77
• 离宫别苑　药洲遗址 79
• 南汉国的宗教信仰 81

第五章 漂洋过海——海上贸易之路
• 发现波斯蓝釉陶器 85
• 漂洋过海　来自西亚 87
• 遗址出土的玻璃器 89
• 国际都会　蕃商云集 91
• 广州通海夷道 92
• 穿越时光的沉船 95
• 市舶制度 97
• 远销海外的西村窑 99

第六章 无字史书——反映历史的地层标尺
• 翻开这本“地书”：探方发掘 103
• “地书”章节：考古文化层 105
• 地表以下：建筑的脉络 107
• 永恒的难题：地层取舍 109
• “穿越”文化层：打破关系 111
• 中心地的见证：水井密布 113
• 建筑艺术的发展：瓦当纹饰 115
• 历史文献与考古资料的相互印证 117
• 考古工作的延续 119

参考文献 120

第一章

地下王国——城市中心的发现

1995年7月22日，广州阳光火辣，酷暑难耐。老城区主干道中山四路上车水马龙，自行车的铃声和汽车的喇叭声此起彼伏，各种车辆在这条并不宽敞的马路上交相前行。

马路的两旁还保留有完整的骑楼建筑，为行人遮阴，挡去了不少暑气。与中山四路相交的北京路是广州的老商业街，这里总是人潮熙攘，一派繁荣景象。老式的人行天桥连接着中山四路和北京路路口两头，为穿梭的行人提供了方便。距离北京路路口不到百米的广州市儿童公园内，则是另一番惬意的景象。这里绿树婆娑，层层树荫给游人带来了丝丝凉意，小火车轻快的音乐和孩子们的笑声掩盖了外界的喧闹，无忧无虑的孩子们正在享受着美好的童年时光。

然而，历史的大潮在悄然涌动着，这个承载着几代广州人集体回忆的公园已成为过去，而推动这一切发生的，正是在不远处的考古发现。

▲ 1995 年，考古人员在城隍庙西侧工地发现“万岁”瓦当。

意外也是意料之中的发现

1995年在儿童公园东面、城隍庙西侧的一个建筑工地里，原广州市长途电话局正准备兴建一栋高层大楼。工地周边已经筑起了深逾10米的钢筋混凝土连续墙，再把地面挖低3~4米后，就要开挖六十几个纵横排列的桩井，而每个桩井都要人工下挖到基岩。

这件事引起了文物考古部门的重视，因为1975年就曾在附近发现南越国砖石走道。根据文献记载，城隍庙周边地段位处古城中心，应是地下文物埋藏的重点区域，在这里施工，极有可能会影响地下埋藏的珍贵遗迹、遗物。遗憾的是，在工地西南角进行的考古试掘并没有发现，无法进一步进行考古发掘。考古人员只能密切关注这里发生的一切，准备随时抢救很可能要被现代施工毁坏的文物。

烈日晒在机器轰鸣的工地上，柴油机的尾气伴随着热浪，把人烤得快要窒息。连日来，考古队员在工地的西北角搜集到了不少瓦件，并及时将情况向考古学家麦英豪先生报告。

麦英豪先生来到工地现场，当工人从桩井里清出废土时，一片印有文字的瓦当映入眼帘。麦英豪先生一个跨步，伸手到斗车里把瓦当捡出来，“万岁”二字清晰可见。“找到了！找到了！”他们压抑着内心的震惊和兴奋，发出了信心十足的论断：“这下面肯定掩埋有南越国的重要遗迹！”

▲ 关于广州起源的故事，流传最广的当为仙羊传说。相传建城之初，五仙骑着仙羊降临此地，施以稻穗，令此地永无饥荒。后来仙人离去，羊化为石，故广州又名“羊城”。

寻找古城的根源

和考古人员一样，千百年来，有一种声音让生活在这方土地上的人们魂牵梦萦，苦苦求索，那是古城的呼唤。生于一座城，长于一座城，爱上一座城，正是这种血浓于水的联系，让先民一次又一次地求问于天地，创作属于这座城市的神话，建立起这一方土地共同的信仰。

至迟在唐宋时期，仙羊传说已在民间广为流传。到了明清时期，人们又将仙羊传说推至广州建城之始，用来解答对古城起源的疑问。明朝洪武二年（1369年），孙蕡为五仙观重修撰写碑文《五仙观记》曰“始城建时，五仙骑羊临之，持穗祝曰：愿此阛阓[①]永无荒饥之虞。辞讫径去，羊化为石。邦人德之，用启今祀”。

仙羊衔穗的传说，填充了所有老广州人的童年。然而，和那虚无缥缈的“南武”“楚庭”传说一样，悠悠几千年，对古城广州的起源，众说纷纭，穿凿附会者众，真凭实据者寡。偏居岭南一隅，传世的史书对我们这片土地着墨不多，史学家们急需的，不再是史籍志书上的文字线索，而是更加确凿有力的实物证据。

众多文字线索已经把古城起源指向了秦始皇统一岭南之时，那时的广州叫作“蕃[②]禺”。在那短短十几年后，一个辉煌了近百年的南越古国在此建立，成就了广州真正的神话。而真正的寻根之路，即将从1995年的这个发现开始。

---

① 阛阓：读作huán huì，意指街市。

② 蕃：通“番”，读作pān。

▲ 考古清理石构水池的西南角。池壁全用砂岩石板做密缝冰裂纹铺砌，池底平铺一层碎石和河卵石。池中露出一行叠石方柱，已向西南倾倒，其附近散落瓦片、“万岁”瓦当、八棱石柱、石栏杆、石门楣、铁门枢轴等建筑构件，可见水池当中原有建筑。这不禁让人联想到秦汉宫苑“一池三山”（一池指太液池，三山指蓬莱、瀛洲、方丈）的布局。

南越国遗迹的确认

南越国“万岁”瓦当的出土，让考古人员备受鼓舞。但最大的问题是经济发展和文物保护的矛盾。在当时来说，要让一个建筑工地停工配合文物部门进行考古发掘，并不是一件容易的事情。

经过多方争取，施工方最终同意局部停工，配合考古工作的开展。考古人员必须争分夺秒，在桩管林立的间隙中进行抢救性发掘。经过近两个月的勘探和发掘，考古人员清理出一座大型石构水池的一角，面积约400平方米。水池以石块铺砌，设计美观，做工考究。池内出土大量砖、瓦、石等建筑构件，推测池中有建筑组群。后来经过钻探，探明水池整体面积达到4000平方米，目前清理出来的只是它的西南角。

在水池南壁的一块石板上，还有一个让考古人员振奋的发现——石板上刻有一个斗大的“蕃”字，“蕃”即秦汉时“蕃禺”的简称，东汉以后，“蕃”字去草头变为“番”。水池中的“蕃”字石刻，应该是南越国蕃禺工官的刻记，说明此处石构水池应该是南越国官方督建。

石构水池的发现，在岭南地区尚属首见。遗迹出土后，文物部门立即邀请省、市各部门及国内知名的历史、考古和建筑专家到现场考察，确认石构水池属于南越国时期建筑，是南越国宫署的部分遗迹。这个遗迹的发现和确认，解答了两个与广州建城历史有关的老问题：秦末汉初，南越王赵佗的宫署就在今城隍庙以西一带，而这里也是广州最早的都城——蕃禺城的所在。

好戏还在后头

1995年发现的大型石构水池直接标出了南越国宫署的坐标，从此以后，考古人员密切关注着这个区域的每处施工。1997年，石构水池以南，原广州市文化局大院内，一个大型建筑工程正在酝酿，考古人员要在8个月内完成地盘内4000多平方米的考古勘查。

而在划定的勘查区域内，居然完整地清理出一段长约160米、保存基本完好的曲流石渠遗迹。除此之外，还发现了与其北面石构水池相连接的导水木质暗槽，证明石构水池和曲流石渠是通过木质暗槽连接，两者组成南越国王宫御苑中的人工园林水景。

▲ 南越国曲流石渠想象复原图

南越国曲流石渠遗迹的发现，是岭南地区秦汉考古的又一次重大发现。它在岭南甚至是全国考古界都引起了巨大的轰动。这是我国迄今发现时代最早、保留较为完好的皇家园林遗址。此次发现和1995年南越国石构水池的发现，都入选了当年全国十大考古新发现。南越国石构水池和曲流石渠共同组成的南越国宫苑遗迹，被国家文物局专家组誉为“广州历史文化名城的精华所在”。

在同一地段内相继发现南越国时期的重要遗迹，这个情况得到了中共广州市委、市政府的高度重视，原计划兴建的大厦随即停建，市政府更出资将该地块回购，对曲流石渠遗迹进行原址原貌保护。

曲流石渠北连石构水池，南边经地下排水管道通往珠江，途中蜿蜒曲折，景观设计巧妙，体现了秦汉时期的园林艺术和造园水平。

昔日渠水从石构水池引流，先到达急弯处形成急流漩涡，再折往东南注入一个小型的弯月形水池。弯月形水池中竖立两列大石板和两根八棱石柱，作为池上水榭亭台的建筑支撑。池底出土大量龟鳖残骸，可见当时池中龟鳖成群，宫人可在池上亭台休憩赏花，以投喂龟鳖为乐。

接下来水流转入西北向，经两块弧形石板砌成的渠陂泛起涟涟碧波。渠底呈“之”字形点布的砾石营造了山涧野趣。渠间留有斜口，供龟鳖上岸休憩。园中绿草如茵，果树成林，想必是宫人赏园游戏的绝佳去处。

进入末段，石渠两岸之间平铺两块大型石板作为平桥，平桥北侧铺有步石供人行走。水流则经闸口过滤树叶残枝，流入木质暗槽，汇入古西湖，最后流入珠江。由于渠水进出皆是通过地下暗渠，故而渠水来无影去无踪，可谓：曲渠之水天上来，流入珠江不复回！

石渠的曲折变化把长廊、步石、平桥连在一起，使人有移步换景的感觉，体现了“来溪谷之流，饰曲岸之际”的汉代审美理念。

◀ 南越国曲流石渠想象复原图

南越国宫署轮廓逐渐清晰

古代研究历史，史籍材料尤为重要。随着近代考古学的兴起，古物中蕴含的信息也越来越受学者的关注。1916年，东山龟岗首次发现南越国大墓，并出土一批陶器。随后，以田野考古为基础的近代考古学传入广州，1931年成立的民间考古学团体——黄花考古学院在广州开展田野考古工作，掀开了广州近现代考古的序幕。

中华人民共和国成立后，中国考古学进入了黄金时期，也进入了系统化和专业化的发展阶段。早在1995年和1997年的发现之前，在配合城市建设的抢救性发掘过程中，考古人员曾几次触及了南越国宫署的踪迹，只可惜受当时发掘面积所限，始终未出现能确认南越国宫署位置的直接证据。然而，在今天看来，这几次发现对确认南越国宫署的轮廓和范围都具有相当重要的意义。

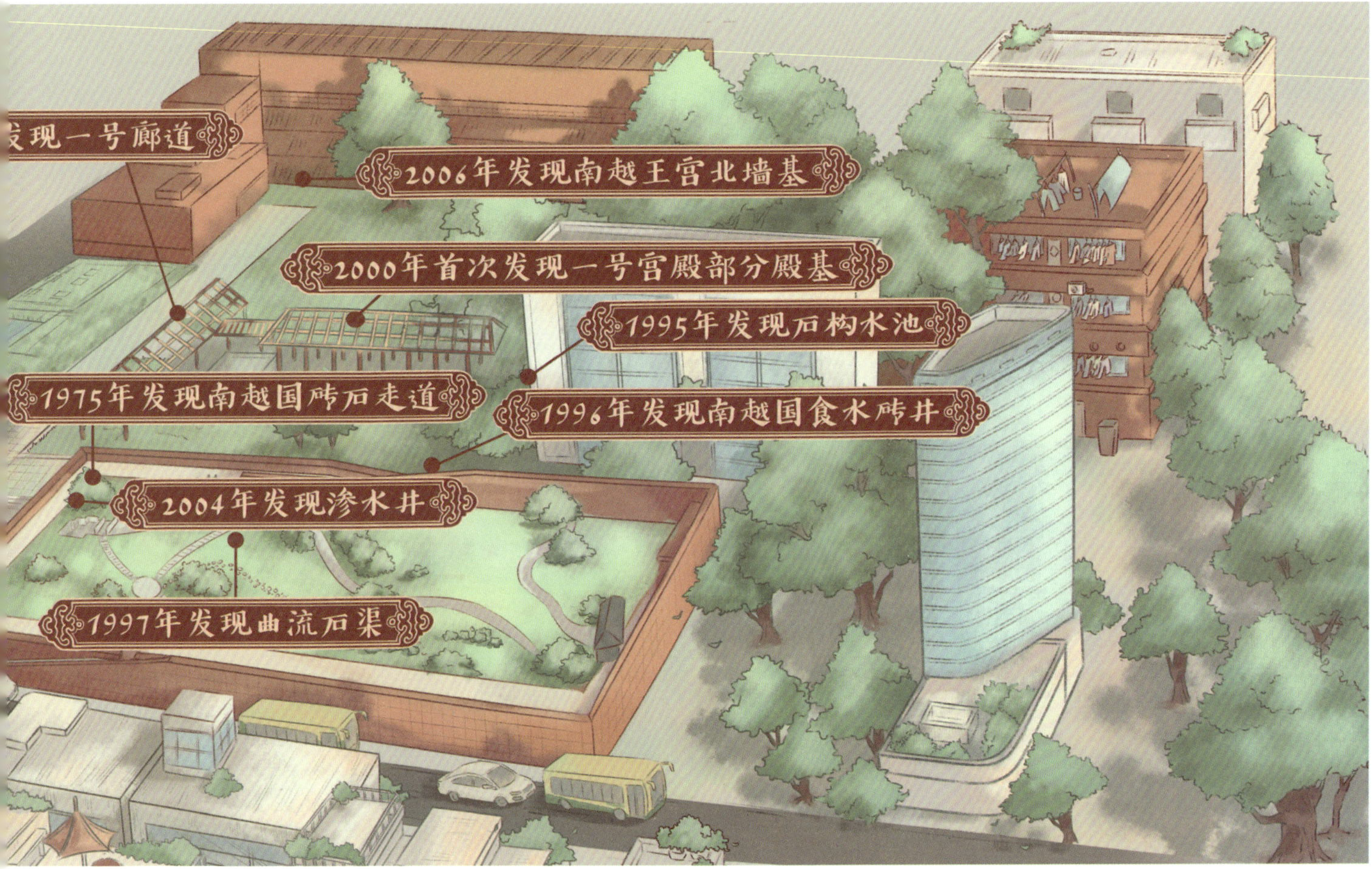

▲ 广州老城区中心南越国遗迹分布图

1975 年　南越王宫的第一张拼图——中山四路原广州市文化局大院内：发现南越国砖石走道。
1988 年　南越王宫范围西扩——北京路路口新大新百货大楼：发现南越国铺砖地面、“万岁”瓦当、云树纹瓦当。
1995 年　确定南越王宫西界所在——地铁公园前站施工，原新华电影院地下：发现成层的南越国建筑构件，往西再无宫署遗迹。
1996 年　宫殿就在附近——原广州市儿童公园西墙内：发现南越国食水砖井，井内出土大量建筑材料。
2000 年　南越宫殿露真容——原广州市儿童公园内：发现南越国一号宫殿部分殿基。
2000 年　确定都城防洪设施、南城墙位置——西湖路光明广场大楼地下：发现南越国木构水闸遗址。
2003 年　进一步了解宫署布局——原广州市儿童公园内：发现南越国一号宫殿、二号宫殿、廊道。
2004 年　“岭南第一简”出土——原广州市儿童公园内：发现南越国渗水井，出土南越国木简。
2006 年　南越王宫的北边界——原广州市儿童公园内：发现南越王宫北墙基。

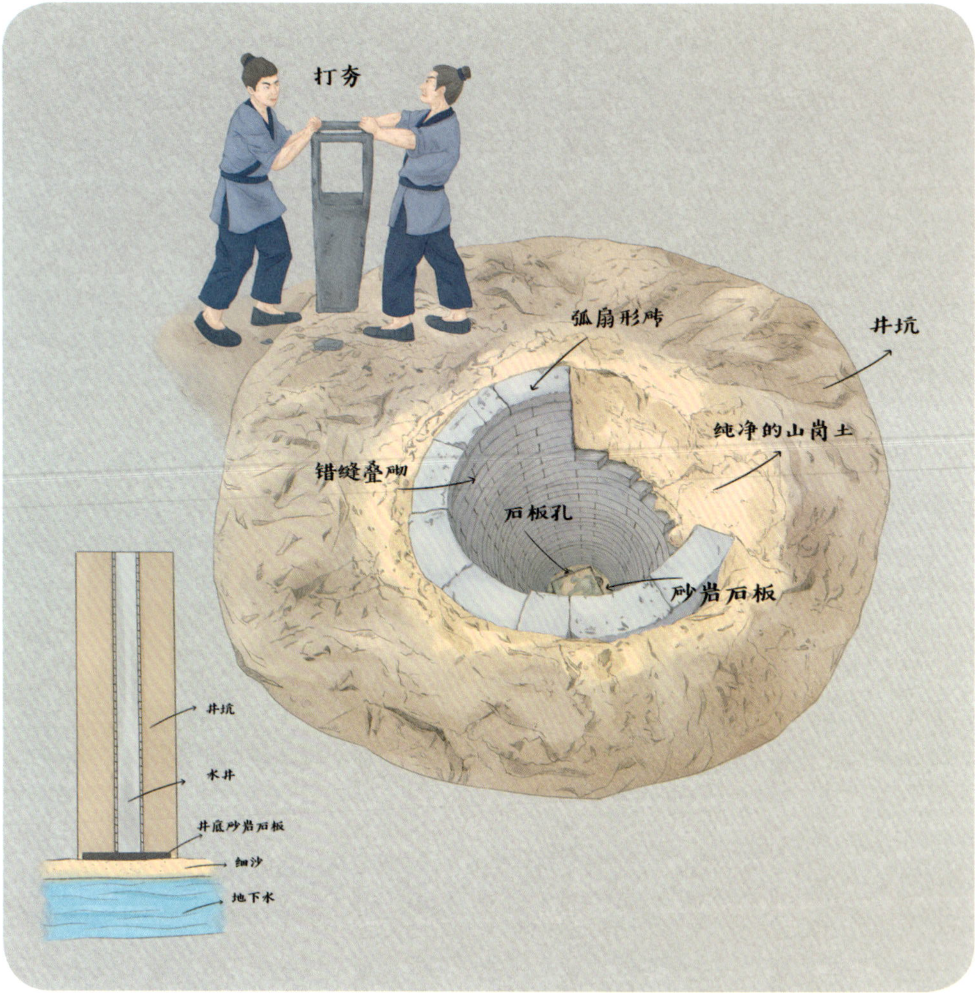

▲ 这口南越国食水砖井的砌筑，是先挖一个较大的井坑，在井坑底部铺设由细沙和石块构成的过滤层，在过滤层上用凿有出水孔的砂岩石板铺砌井底。接着用弧扇形砖逐层砌筑井壁，用纯净的山岗土回填井壁和井坑之间的空隙，并作夯实。这样，无论是从井底涌出或是从井壁渗入的井水都清澈干净。最后在地面修筑井台和打水设施。

城市考古的幸运儿

“考古是一项需要运气的事业。”考古工作者总是这样感叹。在城市里开展考古工作所受到的制约更多，艰苦的发掘并不一定能带来重要的发现。麦英豪先生曾多次谈到，他自20世纪50年代在广州从事考古工作起，便期盼能够找到南越国王陵和王宫等重要遗存的踪迹，可惜在近30年的漫长的调查和勘探中，都没有发现任何重要线索。直到1983年6月在象岗山发现了南越王墓，广州考古事业最受幸运之神眷顾的时代终于来临，在这30多年间，重要考古发现接踵而至。在同一个城区内能发现南越国的王陵、王宫御苑和水闸的遗址，这在全国也是绝无仅有的。

当中有一个考古发现，最初看它并不那么瞩目，但它却像一把钥匙，通过考古专家的分析推理，打开了通向南越国宫殿之门，使广州南越国遗址考古工作再次取得重大突破。

1996年，考古人员在石构水池以西30米处选定了两个探方的试掘区域，在距地面约4米处发现一口南越国时期的砖井。砖井残深8.8米，直径3.3米，造工和用料极为讲究。井圈与井坑壁之间用纯净的山岗土夯实，防止地表污水渗入，井壁每层用11块弧扇形砖错缝叠砌。井底平铺5块砂岩石板，每块石板上各凿一孔，石板底下再铺垫一层细沙，用来过滤井水。直到今天，这口井所出的井水仍然非常清澈。

时任中国社会科学院考古研究所研究员刘庆柱分析，这口井结构精致讲究，出水清澈，井底还有汲水用具出土，应该是宫廷的食水用井，在它的附近应该有宫殿建筑。果然，2000年在原广州市儿童公园内开展试掘工作时，这口井的位置为考古人员选定试掘区域提供了重要的参考依据。下挖后，果然在南越国地层发现了宫殿建筑遗迹，这为进一步确认南越国宫署遗址所在，拉开南越国宫署遗址科学发掘的序幕奠定了重要基础。

▲ 位于现广州市北京路商业区的南越国木构水闸遗址，是当时南越国蕃禺城的防洪和排水设施。

城市考古的保护难题

在城市中心发现的考古遗迹，面临着特有的保护难题。首先是自然因素的影响，包括地下水的上渗、析盐，空气温度、空气湿度、空气降尘、酸雨，重力作用，微生物、有害生物，等等；其次还有城市建设的影响，包括地铁造成的震动、其他公用设施建设、生活污水的污染等。而在20世纪80年代，公众对文物保护的意识还不够强，城市建设和文物保护的矛盾尤其突出，施工单位和考古队的争夺在时刻上演着。

2000年，在距离南越国宫署遗址西南约300米处，北京路旁一个面积约5000平方米的建筑工地，施工单位在未事先报请文物部门进行考古调查和勘探的情况下开始施工。考古人员巡查发现情况后，立即与建设单位交涉并开展艰难的谈判工作，最终得以进行发掘工作。而就在考古人员进行发掘准备时，施工单位快速地将工地范围大面积下挖深至基岩，只留下中南部一块约600平方米的区域供考古发掘。考古人员在这个仅存区域进行考古发掘的过程中发现了南越国的大型木构水闸遗址。

水闸位于当时南越国都蕃禺城的南部，布局自北向南，闸口宽5米，南北长35米，南向珠江呈“八”字形敞开。闸口中间有两根木桩凿出凹槽，用来插板挡水。当珠江潮水升高时，放下闸板可以防止江水倒灌，而当城内积水时，提起闸板，便可以泄洪，是当时广州城市的防洪和排水设施。

南越国木构水闸遗址是世界上迄今为止发现最早、规模最大、保存最为完整的一处木构水闸遗存，其建造达到了较高的技术水平。它的发现，为了解南越国时期的都城防洪设施以及城址的布局、结构及南城墙的位置坐标提供了重要的线索。

由于水闸发现时处于在建商业大厦的中央，发掘结束后，广州市政府决定对其作原址保留，遵循文物保护和城市建设互利共赢的原则，让遗址在商业大厦内部得到原址原状保护，并在周边建立了陈列馆对其进行展示，是城市中心遗址保护和商业发展相结合模式的一次尝试。

▲ 赵佗鼓励汉族与本地越族通婚。《汉书·两粤传》记载，丞相吕嘉家族中“男尽尚王女，女尽嫁王子弟宗室”。而吕嘉正是本地越族。在赵佗的带领下，汉族通婚非常普遍，促进了民族融合和稳定发展。

历史上的南越国

秦统一以前，岭南地区处于相对原始的社会状态。就目前岭南地区的考古材料来看，两广境内还没有秦汉以前的城邑。前221年，秦始皇统一中原六国，不久后即发动了对岭南的征服之战。经过几年的征伐，秦王朝于前214年统一岭南，并在岭南地区推行郡县制，设立南海、桂林和象三郡，其中南海郡的郡治设在蕃禺，开始了蕃禺城最早的建设。

秦朝末年，项羽、刘邦逐鹿中原。南海尉赵佗以五岭为屏，划三郡而治，于前203年建立南越国，定都蕃禺。南越王赵佗在位67年，后由其孙赵眜继位，是为南越文王；文王在位16年，传位至其子婴齐，是为南越明王；婴齐死，传位其子赵兴。后丞相吕嘉反，杀赵兴，立婴齐长子建德为王。汉武帝遂以叛乱为由，于前111年灭南越。至此，南越国传五世，共历93年。

在南越国治理期间，岭南地区政治稳定，封建制得到巩固和发展。南越国统治者在国都建起了王宫和御苑，延续了蕃禺城的城市建设；赵佗积极推行中原先进生产技术和文化，大力发展农耕、渔猎、交通等，同时教民凿井、修建房屋、学习汉语，提高生产水平；在民族问题上，赵佗推行“汉越融合”的政策，提倡汉越通婚，带头遵从越人习俗，更吸纳越人上层统治者为官，实施以越制越。这些政策对稳定南越国的统治起到很大的作用。

南越国近百年的努力经营，使岭南地区的经济和文化得到迅速发展，促进了岭南地区第一次全面大开发，翻开了岭南历史的全新一页。

▲ 南越国宫署遗址中保留的地层关键柱，反映了两千多年来广州城市建设的变迁。

岭南两千年中心地

汉灭南越后，汉朝将南越故地划分为九郡，蕃禺归南海郡管理。作为珠江口岸、岭南枢纽，百废待兴的蕃禺被定为南海郡治，经历休养生息，最终成为全国重要都会之一。

三国时期，岭南地区属东吴管辖。226年，孙权划分交州四郡置广州，治所设在番禺，广州名字由此而得。两晋、南北朝时期，北方战乱频繁，中原人民大量南迁，加速了广州在经济和文化方面的发展。

隋唐时期，广州是全国重要的对外港口，广州的城市建设也在这时进入重要阶段。在南越国宫署遗址内发现有规模较大、保存较好的唐代遗迹，这里曾是隋广州刺史署和唐岭南道署的所在地。

唐朝灭亡，各地政权割据，史称“五代十国”。南汉在岭南建国，这是历史上第二个以广州为都城的地方政权。遗址区内，如今仍能看到昔日宫殿、池苑等遗迹。

到了宋代，广州社会经济发达，被誉为“天子南库”。这时候广州城市经历了较大规模的建设，奠定了城市的基本格局。今天的遗址区位于当时子城①的北部，是宋经略安抚使司署所在地。

明清时期，城市面积进一步扩大，广州作为岭南地区行政中枢的地位进一步加强。明清重要政府部门广东承宣布政使司署就设在今遗址区一带。

步入近代，风云变幻，官衙不再，城市中心地历经法国领事馆、永汉公园、侵华日军“广东神社”、广州市儿童公园等变更，最终在20世纪90年代以考古工作揭开两千年历史的长篇。

南越国宫署遗址除了是南越国和南汉国的王宫御苑外，还是秦统一岭南以来历代郡、县、州、府官署所在地。它就像一部记载广州两千多年历史的实物史书，见证了广州作为岭南地区政治、经济和文化中心地的历史发展。

① 子城：北宋广州大规模扩城，以南汉旧城为子城，并在其东、西各扩建一新城，为东城、西城。

第二章

厚土之下——活着的秦砖汉瓦

前111年，汉武帝派遣楼船、伏波之师，挥兵南越，火烧蕃禺城，昔日宫城化为焦土，百年王国沦为废墟。

所幸，遗留下来的残砖碎瓦被时光温柔以待，保存下解开王国历史的珍贵密码。

两千余年的时间里，被埋藏在地下的断壁残垣，像卫兵一样守护着它的文明，等待着后人的发掘和解读。

没有珠宝的耀眼光彩，也没有青铜器的万钧气势，隐匿于尘土之下，看似平凡的残砖碎瓦，却承接着南越国的古风遗韵，传递着遥远的历史信息。

让我们拂去尘埃，找寻废墟下的答案。

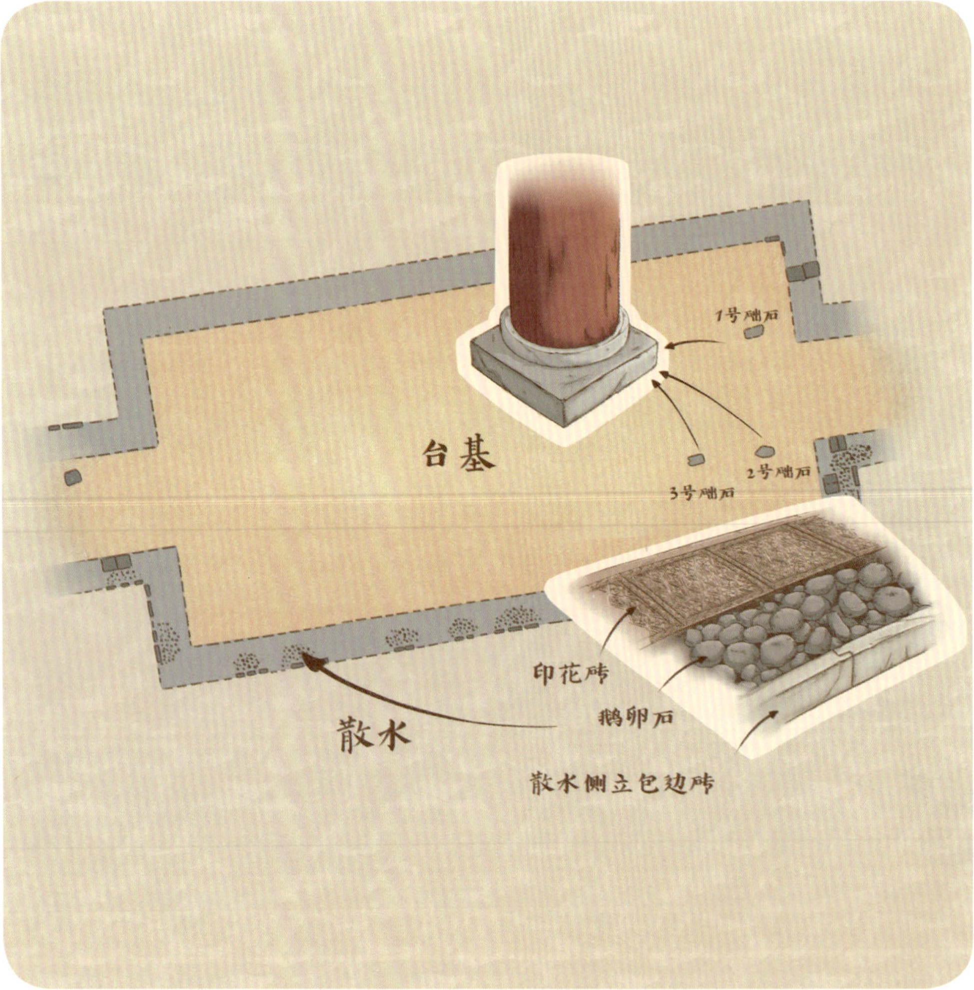

▲ 南越国一号宫殿是一处大型台基建筑，台基东部保存相对较好。

废墟之中的发现

自1995年发现大型石构水池以来，南越国宫署遗址的线索便一个接一个地浮出水面。一直到2004年，考古人员先后在宫署遗址发现包括石构水池和曲流石渠在内的两处御苑遗迹，部分宫殿及廊道基址，食水砖井、渗水井、宫墙等。在这些遗迹中，出土了大量的砖、瓦等建筑构件和少量生活用器。在考古人员的眼中，这些看似普通的残砖碎瓦包含了宫殿规模和形制的重要信息。

2000年，考古人员对石构水池以西的区域进行试掘，下挖到3米左右的深度时，发现了一座年代久远的建筑基址。建筑基址由台基和四周的散水组成，散水中使用了几何纹印花砖，这与此前在御苑附近发现的南越国印花砖类似。不仅如此，建筑基址上还覆盖着火烧后堆积的建筑残件，这与文献中南越国被灭、汉军纵火烧城的记载相吻合。这就表明，这是南越国时期的建筑。

在建筑物外侧，如廊道的四周铺设散水，在古代十分常见，主要用于疏散雨水。这座南越国建筑的散水从里往外，依次铺设一层斜铺的散水砖、一层鹅卵石、一排侧立包边砖，结构完整，用料精良，制作精致。由于散水紧贴房屋台基铺设，只要掌握散水的位置和走向，考古人员基本可以确定台基的大小，从而得知建筑物的规模。

尽管这座建筑基址的散水缺损较多，但基址四侧都发现残存的散水遗迹，考古人员很快确定了建筑物的大小，这是一座东西长30.2米、南北宽14.4米、面积约435平方米的建筑。经过进一步发掘，它被编号为南越国一号宫殿。从散水到整座宫殿，历史的信息就是这样一步一步被重新解读。

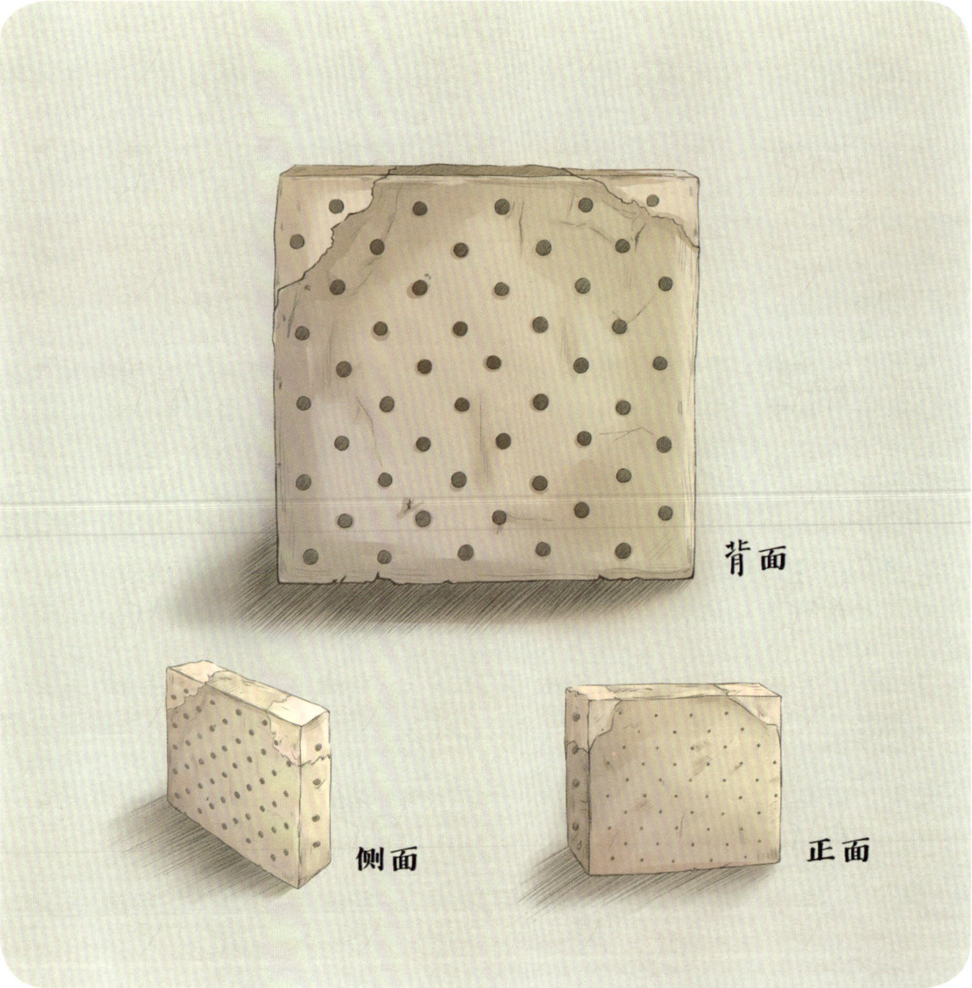

▲ 在南越国宫署遗址发现了直径达95厘米的特大方砖，砖面上满布排列整齐的圆孔，这些圆孔应为制砖工人特意戳上，以助砖块在烧制过程中散热所用，防止砖块因高温而炸裂。

不同规格的方砖

砖是中国古代最为重要的建筑材料之一。砖块在我国起源很早，到西周时期，砖块已有基本固定的形态和较为成熟的烧制技术，并应用于王宫贵族府邸的建造中。秦汉时期是我国建筑业发展的第一个高峰，“秦砖汉瓦”一直备受称道。随着秦始皇的统一大军南下，许多中原百姓和工匠来到岭南大地，为这里带来了中原文化和生产技术。南越国时期，统治者更开始了大规模的烧砖制瓦、修建殿宇。

中国传统建筑以砖木结构为主，经历时代的变迁，古老的建筑被毁、倒塌、埋藏于地下，木质构件多已朽坏，而土与火的产物——陶制的砖、瓦，却成为向今人传达历史信息的重要使者。南越国宫署遗址出土了大量砖、瓦等建筑构件，其中最引人注目的当数大方砖。

南越国方砖有三种规格：小方砖边长约35厘米，厚约5厘米；大方砖边长约70厘米，厚10~15厘米；最大的方砖边长达到95厘米，厚约15厘米，是目前我国考古所见最大的砖，现仅发现4件，部分已经残破。边长为70厘米的大方砖使用数量最多，目前统计出土有30余件，还有不少被保留在遗迹现场未被揭取。

从南越国砖块的出土位置来看，它们主要用于铺砌走道和散水。岭南地区气候炎热，潮湿多雨，雨水冲刷会对房屋地基造成损害。用竖砌的砖块包裹宫殿地基，在一定程度上起到隔断地下水的作用；在宫殿台基四周用砖块铺砌散水，可防止雨水对宫殿基础造成冲塌和侵蚀。

▲ 南越国宫殿的转角处是用一件整体烧制的砖块包砌，显得精致考究。

独一无二的转角砖

除了常用的方砖和长方砖外，南越国宫殿的建造还使用了不少形态各异的砖，如三角砖、转角砖、空心砖、带榫砖、券砖和弧形砖等。这些砖块是为了满足特定的位置而专门烧制的。

当中最为特别的是转角砖，除南越王宫外，其他地方尚未有同类发现。它的下部平直，上部残存两坡面向下倾斜，两个坡面相接形成一个边角，正好置于宫殿的转角位置。砖的内面是一个上小下大的圆弧面，用于包裹和固定柱子。出土的转角砖虽已残破，但光是残件的坡面就长61厘米、宽40厘米，厚度达37厘米。推测残件仅为整体的四分之一，原物之厚重也就可想而知了，这也是目前所见最厚的南越国陶制建筑构件。

体形巨大且形制特别的转角砖是整件成形烧制的。要烧制这样大型的建筑构件一点也不容易，需要经过选料、搅拌、成形、干燥、装饰等工序，每道工序还要达到一定的技术要求。充分的搅拌可以使原料变得黏稠，使胎体更为致密。转角砖断裂面显露出因搅拌而留下的纹理，略显粗犷的痕迹如同石头的天然纹路，仿佛还能看到工匠在费力搅拌的场景。虽然搅拌效果还不够充分，胎体还有欠细密，但南越国工匠无疑已经掌握了一些烧制大型建筑构件的重要技巧。

秦朝是中国首个大一统帝国，为了加强统治，秦始皇在首都咸阳展开了大规模的宫殿营建。赵佗原为秦将，偏居岭南后也开始修筑自己的宫殿。其宫殿角落之处，使用一件如此大气、精致考究的构件来承托和固定柱子，足以让人联想到两千多年前南越王宫的恢宏壮观。这正是秦汉时期高超的建筑技术在岭南大地的具体表现。

▲　南越国的砖块表面大都模印几何纹，具有鲜明的时代特征和岭南地域特色。

华丽繁复的砖块纹饰

大多数从南越王宫出土的砖块，都模印着一些既古朴又讲究的几何纹饰。如果说建筑基座和梁柱结构是建筑的骨架，砖瓦构件是建筑的肌肉，那么建筑构件的纹饰就是建筑的皮肤，为我们展现着这座古老王宫的光彩。

考古学家经常从文物的纹饰窥探当时的艺术风格。因为一个时代的艺术风格正如基因一样，渗透在建筑的一土一木、一砖一瓦之中，决定着每一处纹饰的笔画走向。

南越王宫地砖采用了简洁的几何纹饰，用最简单的直线条，通过组合，排列出规律性极强的几何图案。这让人联想到了先秦时期的质朴纹饰，岭南地区的先民以直线条在陶器上组合出了方格纹、斜格纹、直条纹等，这是最容易掌握的装饰方法，体现了南越国时期工匠朴实的美学思想。

在几何纹砖中，以菱形纹砖最具代表性。其中一种菱形纹砖中心填充四叶纹。早在商周时期，中原地区已开始将菱形纹和植物纹饰组合使用，但四叶纹似乎是南越国的特色。这种四叶纹对植物本来的形象进行了再创造，使其吻合菱形的形状，组合起来十分和谐。

而另外一种菱形纹，将原来每边的直线换成闪电形的折线，看起来就像松塔一样。这种菱形纹主要在秦陵地区出现，由于南越大部分移民来自秦朝统治下的中原地区，工匠们制作地砖时自然会受到秦朝纹饰的影响。

南越王宫兴建于秦末汉初，建筑装饰沿袭了秦朝的风格。通过简单纹饰的组合排列，砖面呈现了具有规律性、严谨性的装饰风格。地砖沿长廊成片铺设，营造出王宫庄严的效果。

▲ 南越国宫殿台阶两端以熊为装饰，熊在古代是勇猛善战的象征。

彰显身份的熊饰踏跺

踏跺，即台阶。南越王宫所使用的踏跺是空心砖。

空心砖是我国古代曾经流行的一种建筑构件，它体形大，内中空，故名“空心砖”。现有考古材料显示，空心砖最早出现于先周晚期，春秋战国时被用于修建大型高台建筑。战国中晚期起，空心砖在一些地方被开始用于修筑墓葬。在各地秦汉时期的宫殿或官署建筑遗迹中，也多有发现被用于修筑台阶或踏步的空心砖。东汉后随着小型砖的广泛使用，空心砖逐渐消失。

南越国宫署遗址出土的这件空心砖长130厘米、宽31厘米、高26厘米，中空而两端封闭。朝上和朝外的一面模印几何纹，两端以熊纹为装饰，熊纹尤其突出熊的头和掌，熊的形象既憨态可掬，又威武有力。类似的踏跺在秦汉建筑遗址常有发现，但两端饰熊纹的仅见于南越国。

熊作为自然界中的一种力量型猛兽，自古以来被视为勇猛善战的象征。远古时期就有熊图腾崇拜；新石器时期红山文化的代表性文物——玉玦，也有研究认为是“熊龙”的形象；商周时期的文物中有更多“熊”的形象，如殷墟妇好墓和西周晋侯墓地均出土玉熊。可见，传统文化中对熊的崇拜渊源已久。

在古代各种礼仪场合与活动中，动物纹饰常常与身份等级密切结合，是彰显地位的重要标志。汉代诸侯王墓中出土熊纹器物并不罕见，如南越文王墓的熊纹节约，满城汉墓的熊纹鼎和尊，汉梁孝王王后墓的熊纹车马饰，等等。从目前的出土文物来看，熊纹饰应常为诸侯所使用。

▲ 南越王宫的屋顶使用多种瓦件组合铺砌。

种类多样的瓦件

所谓“有瓦遮头”，瓦能为人们遮风挡雨、提供庇护，在很多人眼中，瓦是家的象征。杜甫一句“八月秋高风怒号，卷我屋上三重茅”，道出了无片瓦遮身的凄苦。从古至今，人们对瓦都极为重视，从最初着重功能性，到后来按照使用者的身份、地位演变出不同形制，瓦在建筑史上的地位可谓举足轻重。

瓦出现在西周早期，汉代规模较大的建筑上均使用瓦铺设屋顶。按照瓦的基本形制，主要分为板瓦和筒瓦两种。

南越王宫出土的瓦件主要包括板瓦、筒瓦、折腰瓦、瓦当几种。一般来说，板瓦凹面向上，方便汇聚雨水。两排板瓦之间，有些覆盖筒瓦，较为简陋的就以板瓦倒置代替，用于遮住板瓦之间的缝隙，防止漏水。在古代，一般级别较高的建筑如庙宇、宫殿等，就会使用筒瓦。南越王宫也是使用筒瓦、板瓦相间的方式铺设屋顶。

折腰瓦是放置在屋脊位置的瓦片，形状与马鞍相似，用于遮盖屋顶两边的板瓦。有时候，在两块折腰瓦之间还会放置脊帽，遮盖折腰瓦之间的缝隙。

屋顶外沿的部分又有不同的构件。与最外沿的筒瓦相连接的称为瓦当，一般有圆形和半圆形两种。汉代以前半圆形瓦当较为常见，汉代以后圆形瓦当就成了主流。至于板瓦的最外沿，后代的建筑中多连接有三角形的滴水，可以引流雨水，防止雨水往后流到墙体。南越王宫出土大量印有“万岁”字样的圆形瓦当，却未见滴水。

在出土的瓦片中，有部分带有陶质的刺。这些刺主要分两种，短小且置于瓦片内侧的，主要是起固定瓦片的作用；尖长且置于瓦片外侧的，有人说是用来防盗，有人说是用来防止鸟类起飞时蹬坏瓦片。

▲ 汉代的"万岁"瓦当，虽非帝王专用，却也彰显了建筑等级之高。

寓意吉祥的“万岁”瓦当

在屋顶不同种类的瓦件之中，瓦当无疑是较具观赏性的，其丰富的纹饰随着时代的发展而不断变化，折射出那个时代的艺术特征和文化内涵。南越国宫署遗址出土了大量“万岁”瓦当，当面直径普遍在15厘米以上，体形较大，并模印篆书的“万岁”二字，属于秦汉时文字瓦当的一种。

瓦当在西周时期就已经出现。早期的瓦当以表现自然的动物、植物、云纹等为主要纹饰，间或出现一些神兽纹。到了秦汉时期，以文字为主体纹饰的文字瓦当开始出现并成为主流。

这些文字有一些表明建筑物的名称或用途，如秦汉上林苑中的“上林”瓦当；而更多是吉祥语，如“千秋万岁”瓦当、“长乐无极”瓦当等，表达了古人对长寿永生、福祉延绵的祈愿。这种祈愿并非皇家的专利，除了汉长安城的皇家建筑外，像南越王宫这种诸侯王的宫署，南阳宛城冶铁遗址这种官营作坊，乃至地方豪族，同样可以使用“千秋万岁”瓦当之类的吉语瓦当，并不存在僭越的说法。

南越王宫瓦当上的“万岁”二字，是汉代常用的吉祥语，其文字形式与中原的相似，应该是“千秋万岁”的省称。东晋葛洪的《抱朴子·内篇》中提到“千岁之鸟，万岁之禽，皆人面而鸟身，寿亦如其名”。“千秋”“万岁”都是人面鸟身的神兽，非常长寿。

相比于汉长安城出土的“千秋万岁”瓦当、“长生无极”瓦当、“长乐未央”瓦当等吉语瓦当，南越王宫仅发现“万岁”瓦当一种。虽然内容单一，文字样式却丰富多变，有十几种变化形式，甚至具有鸟虫书的笔韵，圆润灵动，被誉为“岭南最早美术字”。

▲ 南越国工匠在建筑构件上施釉的做法，在我国当时极为罕见。

我国最早的带釉砖瓦

在遗址出土的南越国砖瓦当中，有小部分砖瓦表面施有青釉，目前统计有板瓦15件、筒瓦11件和砖块3件。南越国带釉砖瓦是我国迄今发现最早的在砖瓦上施釉的实例，这样做可以确保砖瓦起到一定的防水效果，从而提高建筑的质量，相当具有先进性。

然而，这种先进的工艺为什么会首先出现在岭南这个“蛮荒之地”呢？这批带釉砖瓦是在哪里烧制的？工艺又是来自何方？为了解它们的化学特性和工艺来源，考古学家把文物送到专业机构进行成分分析，结果显示，它们应该是以本地黏土为原料，在当地烧造的。砖瓦上的釉所含钠元素和钾元素较多，属于碱釉，与同时期我国其他地区普遍用于陶瓷上的灰釉和泥釉不同。另外，经过化学成分对比，这种釉与岭南原始瓷釉也并未存在继承关系。检测结果没有提示出这种工艺来源的可能性，无论在我国同时期或同地域的考古材料中都还未找到与它相近之物。

难道南越国的带釉砖瓦真的是“前无先例”吗？这不禁让人联想起西亚地区的考古发现。从新巴比伦王朝的伊什塔尔门遗址出土的釉面砖浮雕，证明2500多年前，当地人们已经将釉的技术运用在建筑上。说起釉面砖，就不得不提玻璃的发明。玻璃在西方起源很早，最早出现在距今约4000年前的两河流域。釉的生产与玻璃存在相似性，涂盖于陶瓷表面的釉和金属表面的珐琅都属于玻璃态物质。而在南亚和东南亚地区，曾发现有前3世纪—前1世纪的玻璃器，其成分与南越国砖瓦上的青釉相似。

可见，南越国碱釉以及在砖瓦上施釉的做法，极有可能是在秦汉之际通过海上丝绸之路传入岭南。近年来相关研究认为，来自西方的器物和工艺，很可能以印度为中转站，经东南亚后抵达我国岭南沿海地区；或者是在印度中转后，再取道我国西南陆路而进入其他区域。

▲　官府为了考核稽查手工业产品的数量和质量，会要求工匠在产品上印上官署或工匠的名字，是为“物勒工名”制度。

物勒工名，以考其诚

在南越王宫发现的大量砖瓦残件当中，有不少上面拍印或戳印着文字，这些文字称“陶文”。这些陶文包含了负责制陶的官署机构、陶工身份和陶工名字等信息，对了解南越国的砖瓦生产有重要意义。

春秋战国时，官府为了考核稽查手工业产品的数量和质量，实行“物勒工名”管理制度。《吕氏春秋·孟冬记》提到：“物勒工名，以考其诚。工有不当，必行其罪，以究其情。”意思是，产品上印有官署或工匠的名字，万一出现质量问题，可依据名字追查源头，进行处罚。这种制度到秦汉时期继续沿袭。南越国的这些陶文，反映了南越国仿效中原，实行“物勒工名”制度。

秦汉时期，王宫砖瓦建材均由官府作坊统一生产提供，南越王宫的砖瓦亦不例外。南越王宫的砖瓦陶文中，最常见的官署名有“左官”“右官”等，它们是南越国时期负责烧制砖瓦的官方机构。秦代也有主管砖瓦生产的机构，称为“左司空”“右司空”，隶属于少府。南越国的左官、右官大概与秦代的左司空、右司空相类似。

至于制作砖瓦的工匠，从陶文内容来看，主要来源于吏卒、奴隶、囚犯和刑徒等。比如“左官卒史”“左官奴单”等，“卒”和“奴”表明工匠的身份为吏卒和奴隶，“史”“单”是工匠的名字。宫中的一些囚犯，也被征调参与砖瓦制作，而且数量还不少，这从瓦片上较为常见的“居室”戳印可以看出。居室主管宫中之狱，是南越王宫中拘禁犯人的处所，职能与秦代的居室相仿。在秦代，组织囚犯、刑徒从事宫室、陵墓的营建和手工业生产，是比较常见的做法。

在砖瓦上留下名字的工匠，有不少是从中原迁徙而来的戴罪官吏、士卒、百姓和奴隶等，他们掌握着中原的先进生产技术，在岭南大开发中贡献了自己的力量。尽管他们身份低微，但他们的名字随着陶片一起被时间记住。

第三章

井底的秘密——南越木简

历来有关南越国的记载，多依靠《史记》《汉书》。从赵佗建国，历经五世，到最后灭国，归于统一，仅仅勾勒出南越国的轮廓。

更多历史细节，在史书上已经无从得知。而史家亦多从中原人的视角叙述岭南史事，多少会有偏颇。

南越国宫署遗址的发现，为南越国历史研究打开了一扇全新的窗户。大至一座建筑遗迹，小至一砖一瓦、一件破碎的陶片、一颗尘封的种子，这些先民生活过的地方，使用过、留下来的物件，都反映着当时的生活情况。

在这些史迹遗存当中有一种东西，既属于文物，又兼有文献的价值，它是当时人记当时事，以当事人的身份告诉我们，关于南越国的有血有肉的故事。

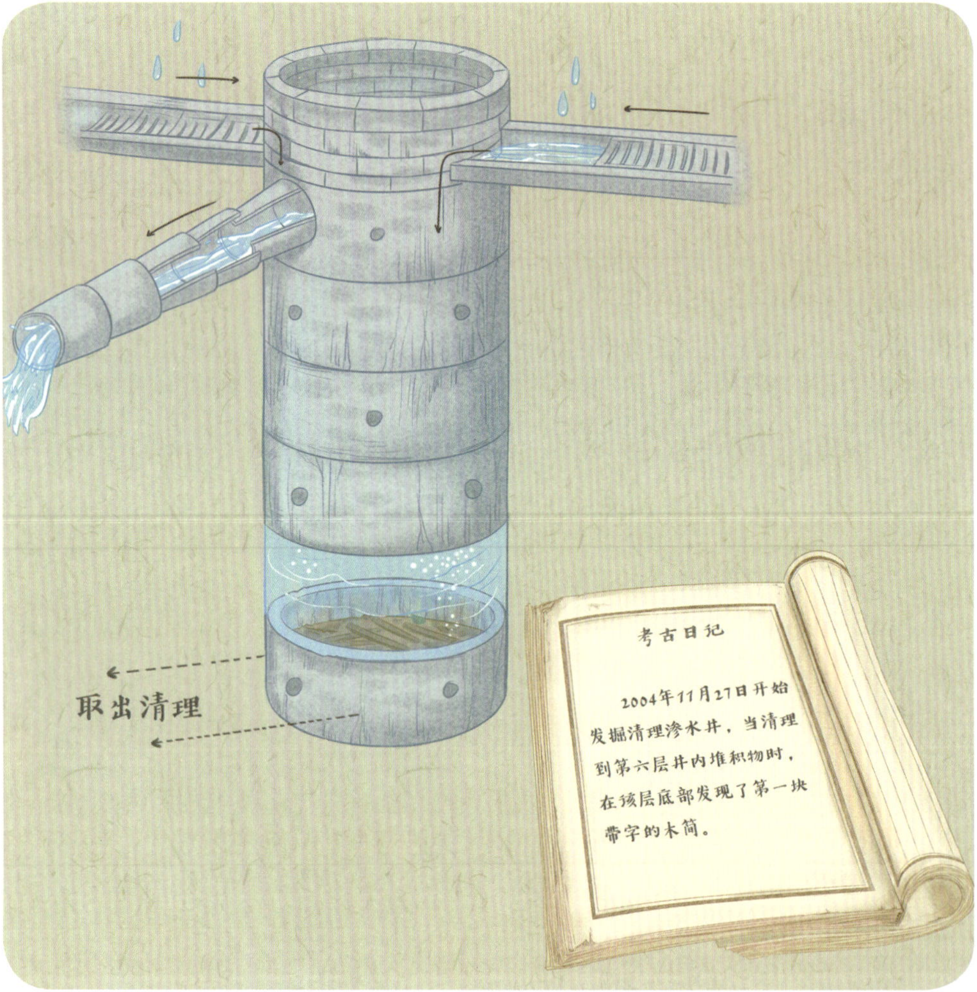

▲ 渗水井结构图和发现木简的位置。

藏在井底的南越木简

2004年11月，考古队在曲流石渠遗迹西北方向约15米处发现了一口南越国渗水井。这口井是当时宫内用来收集、过滤雨水和生活污水的，上段叠砌弧扇形砖，砖以下有六节陶井圈。井口附近连通两段木质暗渠作为入水口，稍低于入水口的位置连通一段陶质管道作为出水口。污水经过入水口汇聚到渗水井内，当中夹杂的树叶、枯枝等杂物在井中沉淀，当漫至出水口时，再通过出水口排出去。这样，渗水井就起到过滤污水、防止堵塞渠道的作用。

渗水井被发现的时候，井里填满了泥土和文物。和往常一样，考古人员耐心地对这些泥土和文物逐层清理，当清理到接近井底的位置时，他们被一些长条形的小木片吸引住了。这让他们联想到了秦汉时期用来记录文字的简牍。

在1995年—2003年的发掘中，考古人员并未在南越国宫署遗址内发现任何简牍，这让很多人都感到疑惑，因为按照常理，处理政事之地应该有不少文书才对。这些疑似木简的小木片，让考古人员难掩心中的兴奋，他们赶紧对木片进行了初步的清洗。随着淤泥褪去，一行隐约可见的文字出现在他们眼前。“这真的是木简！”那个关于木简在哪儿的疑问终于得到了解答。

由于木简就在王宫中被发现，它们极有可能记录着南越国的重要信息。木简一被发现，立即受到了全国上下的关注，包括央视在内的多家媒体对此做了广泛报道。文字是古人最直接的记录，是史家研究历史的主要材料。在史籍记载甚少的情况下，木简上的文字就成为研究南越国历史的重要补充材料。究竟这批木简记录着怎样的南越故事，所有人拭目以待。

▲ 考古人员把木简保存在纯净水中，以维持湿度稳定，等淤泥松散后，用软毛笔轻轻刷去，字迹就露出来了。

木简的起取和保护

由于木简的位置接近渗水井底部，这为发掘清理工作带来了很大的困难。这是一口残深3米多、直径不到1米的陶圈井，要清理井底的木简，在不破坏水井结构的情况下，考古人员就需要从井口悬空身体进去发掘，不仅人员危险，也很难保证木简安全。

后来，经过专家论证，决定采取平移整取的方法清理木简。工作人员先在渗水井旁开挖一个工作基坑，再从侧面将藏有木简的井底陶圈整节平移取出，然后移到室内清理。陶圈缺失的位置，工作人员又复制了一节陶圈放回去，这样既保护了井的结构，又可以安全取出木简。

在岭南地区湿热的地表下，这100多枚木简藏在井底湿润的淤泥中，一藏就是两千多年。“木简看上去就像煮软了的面条一样。”现场参与发掘清理的工作人员回忆说。由于浸水太久，木简变得松软脆弱，工作人员每一个动作都必须小心翼翼。木简从淤泥里揭剥出来时，都会粘连一些泥垢，他们用一种干净的玻璃板承托木简，把它们放在清水中浸泡，等泥垢疏松后，再进行洗刷。洗刷干净后，工作人员对木简进行拍照记录、脱水保护，以便研究和长期存放。

▲　从出土的简文内容可知，南越国时期时应设有专门人员记录宫廷内外的各种事项。

是谁留下的文字？

经过发掘整理，渗水井中出土的木简多达100多枚，记录有1000多个字，内容包括南越王宫的宫室管理、官制、刑律、税收、生态环境等。可是，木简为什么会藏在一口渗水井中呢？究竟它是古人刻意收藏，还是恰巧留下？是机密文件，还是普通文书？考古工作将会给出答案。

发掘时，考古人员对井内的泥土和文物进行了逐层分辨，上层多出土残碎瓦片、红烧土、木炭颗粒等，估计是渗水井废弃后，王宫大火时落入井中的建筑残件堆积物；下层则出土大量树叶、果核及动植物残骸等，应该是渗水井在使用过程中沉淀的堆积。木简均在下层堆积中发现，说明木简并不是在灭国时被集中丢弃的，而是与其他日常废弃物一样长期堆积而成。

一般来说，记录重要文书的木简都是编连成卷的，但这些木简都是散乱的，不连成册。根据对简文的初步释读，都是当时王宫管理的一些记录，所以它们更有可能是日常管理做记录后，废弃不用时被水冲到井里的。

由此看来，这批木简是在当时原地书写的原始资料，直接确认了南越国宫殿与宫苑的所在。出土的木简比目前所见最早记载南越国历史的文献《史记·南越列传》还要早80多年，是第一手的南越文书资料。

▲　在南越木简上首次看到关于南越公主赵延的记载，而这在史书上并未提及。

王宫档案：公主是谁？

关于南越国统治者赵氏宗族的情况，文献上记录甚少。正史上除了南越王世系以外，其他宗室人物几乎没有被提及。有些因涉及某次历史事件而“有幸”史册留名，比如明王赵婴齐即位后，遣子赵次公到汉朝宿卫。我们就知道赵婴齐起码有三个儿子：被他立为太子的赵兴、后来夺位的长子赵建德、被遣去汉朝的儿子赵次公。

统治岭南长达93年的南越王国，记载实在少得可怜，我们甚至连赵佗的儿子、这位早薨的太子是谁也不得而知，只能从南越文王墓出土的“泰子”金印中知道他的存在。

在南越木简中，研究人员惊喜地发现了关于“公主”的记录：“□张成，故公主诞舍人，廿六年七月属　将常使□□□蕃禺人。”这位公主究竟是谁？“廿六年”是哪一年？这枚木简又能提供多少对南越国的新认识？由于简文缺漏较多，又没有上下文的支撑，研究人员必须沉住气，把所有信息点尽可能都找出来。

时间标识是一个很重要的信息。汉武帝首创年号之前，纪年一般从帝王即位之时开始算起。南越国建于秦汉之际，秦朝只有秦始皇在位超过26年，但秦始皇二十六年（前221年），南越尚未建国；至汉武帝前，汉朝未有一位皇帝在位超过26年；汉武帝改用年号纪年后，到南越灭国之前，也未有一个年号超过26年。所以，“廿六年”应是南越本国的纪年。南越国传五世，只有赵佗在位超过26年，所以木简记载的事情必定发生在赵佗在位期间。

所以，木简中所说的“公主诞”，应该就是赵佗的女儿赵诞。可西汉规定，“诸侯王女毋得称公主”，只能称为“翁主”。这又是怎么回事？原来，汉代偶尔也有册封诸侯王之女为公主；再说，赵佗曾经称帝，其女儿僭越称公主，也就不足为奇了。

▲　壮族流传一种鸡骨占卜方法，是将公鸡腿骨洗净，把两根腿骨绑在一起，再用竹签插在捆绑之处，以鸡骨、竹签的形状构成卦象，判断吉凶。

南越国的“大鸡官”

南越国的职官制度，一直是南越国史研究的重点。根据《史记》《汉书》等文献记载，结合近年来出土的印戳、砖瓦陶文等资料，学者们已经大概掌握了南越国官制的情况。

汉初规定，诸侯国内“有太傅辅王，内史治国民，中尉掌武职，丞相统众官，群卿大夫都官如汉朝”。诸侯王有一定的自治权，可以独立任命他们的大部分官员，形成王国独立的政府架构。文献记载，南越国也设有丞相、内史、中尉等主要职官，反映其官制基本依照汉朝政府的框架设置。

近年考古所见的官名中，有些在汉朝官制中有记录，如在南越国陶器上发现的“居室”戳印，史书记录“居室”为少府属官，执掌诏狱。有些在汉朝官制中没有记录，如南越文王墓出土的“景巷令印”铜印，学者认为这与汉朝执掌王室家事的“永巷令”相似，应该是南越国仿效汉制而设，又略有不同。

南越木简记录了一个特殊的官名：“大鸡官奴坚，当笞一百。”这里提到的“大鸡官”，从字面看，与“鸡”有着密切关系。百越习俗中，有鸡骨占卜一说。鸡骨占卜起源于新石器时期的日神崇拜和鸟崇拜。鸟在百越先民中是人神沟通交流的介质，古籍中多有“鸟为越祝之祖”的记载。在众多鸟类当中，鸡日出而啼，被古人赋予了不少神圣的含义。作为驯养的家禽，取鸡骨也十分便利，因此，鸡骨就成为百越民族占卜的主要用具。

《史记·封禅书》记武帝灭南越、闽越后，“乃令越巫立越祝祠，安台无坛，亦祠天神上帝百鬼，而以鸡卜”。赵佗在任期间，和辑百越，尊重本地风俗，“大鸡官”可能是南越朝廷任命的越人巫师，专司鸡骨占卜事务。

▲ 从南越木简上关于养鹿的记载，和曲流石渠遗址中发现的梅花鹿骨，可知当时南越王宫养殖了梅花鹿。

犯错的御苑管家

1997年发掘南越国曲流石渠遗址的时候，考古学家在南越国地层中找到了一些动物的骸骨，当中包括鳄鱼、豪猪、狗、熊、马、猪、梅花鹿、牛等。它们是昔日宫苑中养作观赏的动物，还是皇家餐桌上的佳肴？这不禁让人深感好奇。

南越木简上的“诘斥地唐唐，守苑行之不谨，鹿死腐”，恰好解释了这个问题。简文大意是，斥责地唐唐（人名），守苑失职，以致鹿死而且腐烂。这枚木简直接说明了当时南越御苑中饲养了鹿，饲养工作受到监管，养得不好还要受到斥责并记录在案。因此，在之前找到的动物残骸中，可以确认梅花鹿是由专人饲养的。

而从木简上的“苑”字可以看出，当时把南越王宫中的花园称为“苑”。“苑”指养禽兽林木之地，多指帝王的花园，如秦汉时的上林苑。

不仅是养鹿，一些南越木简上还有种枣树的记载：“壶枣一木，第九十四，实九百八十六枚。”种的枣树不仅有编号，收成的果实也经过清点。当时的人连宫苑日常管理的琐事都记录下来，可见管理制度相当细致。这些在史籍中难得一见的细枝末节，补充了我们对这段历史的认知，有助于我们还原一个生动的南越古国。

▲ 在南越木简上记录了宫中捕鼠的细节，奴仆们每人要捕鼠5只，每欠1只要被判处笞刑10下。

南越王宫的“灭鼠行动”

正如那位失职的养鹿人，在王宫里工作失职或者未按要求完成任务是要受到惩罚并且记录在案的。从木简中可见，当时对于王宫管理制度的落实可谓非常严格。有三枚木简这样记载：

“大奴虖，不得鼠，当笞五十。”

“□则等十二人，得鼠中员，不当笞。”

“□陵，得鼠三，当笞廿。”

这几枚木简都记录了宫中抓老鼠的事情。奴隶们被下令参与捕鼠，每人需抓满5只老鼠，抓不够的，按不足的数量处以笞刑，少抓1只鼠判处笞刑10下；抓够的，则无须处罚。当中提到的笞刑，是古代常见的刑罚之一，是用竹、木等击打犯人的背部、臀部、腿部，属于教训之刑。比如云梦睡虎地出土的秦律记录的笞刑，多在征调迟到、盗窃公物、损毁公器、逃亡自出的情况下使用。

南越木简中至少有6条简文提及笞刑，比如这3枚捕鼠简，笞刑就用在未完成工作任务的奴隶身上，以示惩戒。判处刑罚时，一些木简对被处罚人的姓名、处罚的原因、处罚的轻重均有记录。不仅如此，不需要受到处罚的人，因何事无须处罚也记录在案，表明当时王宫管理制度有理有据、规范细致。

▲　南越木简上记载了当时其中一种交租方式，百姓用鸡来交租。

用鸡交租的“中官租”

一个地区的经济生活，可以反映其社会发展程度。南越国都城蕃禺在建城伊始，既未脱离原始聚落的稚气，同时又在努力吸取中原文明的养分。这时候它的社会经济究竟是怎样一番景象呢？

已有的考古资料表明，南越国先民已经使用铁制的锄、镬、镰、锸等进行耕作，这些农具自秦统一岭南以来就从中原传入，大大改进了岭南地区原本落后的农业生产。畜牧业中，主要饲养鸡、猪、牛、羊等禽畜。此外，渔猎、捕捞也是岭南经济生产的主要内容。

南越木简为我们补充了另一部分资料：“野雄①鸡七，其六雌一雄，以四月辛丑属中官租，纵。”这是一条记录南越国租税情况的木简。简文中的“中官”，指太监、宦官；“中官租”，可能是一种租税的名称，也可能指由宦官来收取租税。百姓上交这种租税，不用货币，而是用禽类等实物代替。

西汉的税收制度大体分为租、赋两种。其中“租”在汉代也称为“税”，原意是百姓对统治者的进贡。比如田租，就是从实际收成的谷物中抽取一定比例，上交作为皇帝个人和朝廷的开支使用。南越木简记载的“中官租”，直接由王宫以实物形式征收，与西汉以实物形式征收的租税相似。

那么南越国有没有以钱币形式来收租的呢？我们从南越国的钱币状况可以略知一二。西汉初年，曾有一些诸侯国大量铸币，南越国不仅没有铸币的记载，甚至连南越文王墓中也并未出土一枚铜钱。南越王宫中出土的“半两”钱，与秦、西汉早期的“半两”钱相同，说明南越国使用的钱币主要还是秦汉之际从中原传入的铜钱，钱币流通应该是有限的。

① 雄：也有研究认为是“雉”字。

▲ 考古出土的木简是还原南越国社会面貌的重要依据。

作为补充的岭南文书

历史的偶然，让两千多年前本该丢弃的文字意外保存在了井里。顺着考古的线索顺藤摸瓜，这些文字又重现在世人面前。它们只是南越王宫中不为人重视的文书，记录着宫廷管理的琐事，每隔一段时间就要清理一批。然而，当它们穿越时光，来到今天，却成为了珍贵的历史档案。正是这些平常的文字，让我们窥见了当时真实的生活状况。

正如前文所述，简文有关于王室成员的生活细节，也有宫人被处以笞刑的判文，有御苑中花果鱼兽的养殖记录，也有百姓交租的实物清单。这些在史籍和遗址中都无法获取的信息，在木简中都得到了补充。考古学家、历史学家们正通过这些资料抽丝剥茧，从古人遗留下来的线索中条分缕析，尽量利用有限的信息还原一个有血有肉的南越故事。

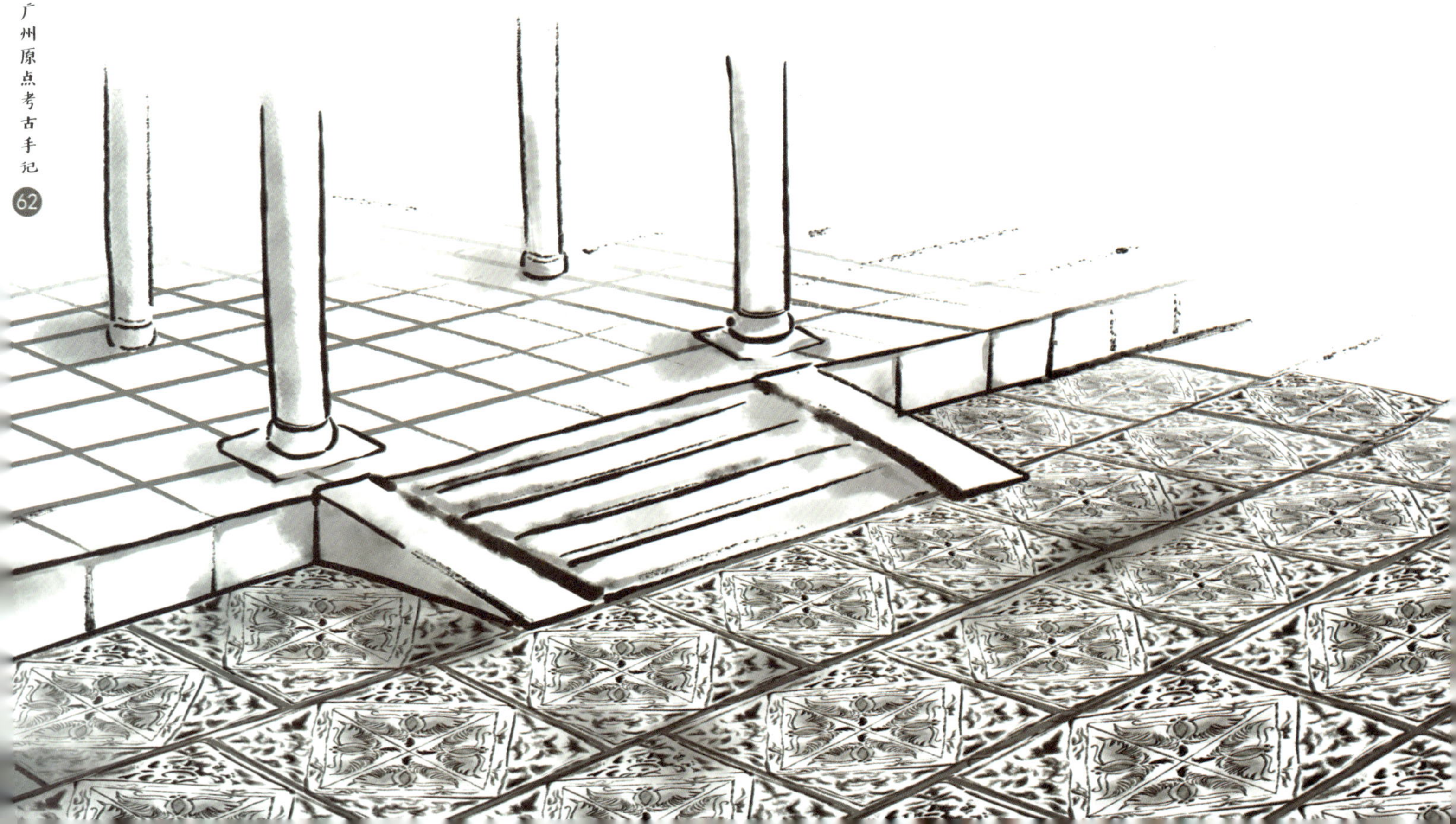

第四章

盛唐遗风——南汉王宫

过去的人物和故事，或消失在时间的长河里，成为后人无法破解的历史谜题，或沉睡于黄土深处，等待着考古学家开启对话的大门。

考古学家从未停下脚步，他们从黄土之下的痕迹中寻找线索，试图拼接过去，唤醒记忆。

晚唐以后，中国陷入大分裂的时代。割据岭南一方的藩镇刘氏家族建立南汉国，自立为帝，定都广州。

直到971年，北宋挥兵南下，南汉亡国，共历55年。

中华人民共和国成立以来，对于南汉史的研究和南汉遗迹的考古工作均取得了前所未有的重大进展，千年古国的轮廓日渐清晰。

▲ 南汉十六狮子柱础石雕工精美、大气华丽，是难得一见的建筑雕刻精品。

揭开南汉发掘的序幕

1995年1月14日，广州正值冬天，老城区中山四路原广州市文化局门口，工人们挖掘一个临建房的柱坑时，在人行道下深约1米处，竟意外发现了一段铺石板地面和一件巨型雕十六狮柱础石，由此揭开了探索沉睡地下千年的南汉王国的序幕。

柱础，顾名思义，即柱子的基础。它是中国传统建筑中最基本的构件之一，主要功能有三：一是传递柱子的荷重于地面较大的面积；二是防止地面潮气的侵入，也可以避免外力的磕碰损害柱脚；三是装饰作用。由于柱础很接近人们的视线，往往成为艺术家施展技艺的好地方，柱础石是建筑构件中结构与艺术功能完美统一的典型代表。

这件巨型柱础石，用整块石灰岩雕凿而成，底座1米见方，重达2吨。覆盆分上下两层，下层雕刻一圈覆莲瓣纹，上层蹲坐16只昂首挺立、雄健威武的石狮。从形制和规模来看，如此巨大而华美的柱础为国内仅见。不难联想到当时覆盆顶面上的立柱之高大粗壮，建于此处的宫殿规模之宏大、匠艺之精巧。与柱础石一同发现的还有南汉“乾亨重宝”铅钱、青釉瓷片。从柱础石的规格、铺石地板情况推断，这里就是南汉王宫的所在地。这是首次发现南汉国宫殿建筑遗址，考古学家们相信，一定还有更加丰富的南汉国遗存亟待发现。

▲　根据考古发现，在南越王宫遗迹上方的南汉时期地层中，也发现了南汉王宫的遗迹，证明两个时期的两座王宫，恰好选址在同一个地方。

相隔千年的巧合

南汉是一个奢靡的年代，从烈宗刘隐至后主刘鋹，都热衷于对都城大兴土木，《宋史》记载刘氏“耽于游宴，城壁壕隍，多饰为宫馆池沼”。自刘隐为唐节度使起，就开始了对广州城的建设。

根据文献资料，南汉王宫位于都城北部，筑有乾和殿、玉堂珠殿、昭阳殿、文德殿、万政殿等多座宫殿。它由唐清海军节度使府改建，就位于后来的明清广东布政司署、今天的南越王宫博物馆一带。

果然，随着南越国宫署考古工作的开展，南汉王宫的遗迹也相继被发现了。1995年发掘南越国大型石构水池时，在其正上方的南汉地层还发现了14个磉墩①，它们排列整齐，应该是一座坐北朝南，面阔至少5间、进深至少2间的殿堂式建筑的基础。1997年，又在石构水池南面的同一个工地里，同时清理出南越国曲流石渠和南汉国的水池遗迹。目前揭露出南汉水池西南一角，约560平方米，池岸积石如林，高低错落。池内还曾营造有水榭，与曲折多姿的水岸相映成趣。两千年以来，在原广州市儿童公园内做进一步考察，又发现南汉国一号宫殿正好矗立在南越国一号宫殿之上……

相隔千年的两个王朝，王宫和御苑恰好叠压，这就是古城的魅力所在，咫尺之间已是千年。

广州古城，背负越秀山，面临珠江，易于防守，交通方便；山水间是一片宽阔的平地，且地势略高，北有甘溪流经城内，南有珠江奔腾不息，既能免遭水患，又有极充足的水资源。无论是南越还是南汉的统治者，都利用这些有利的地理条件在这里建立都城和宫殿，从而奠定了两千年来广州作为岭南中心的地位。

① 磉墩：古代建筑中用以承托柱础石的夯筑基础。

▲　2004 年 7 月 23 日的考古日记记录了一处铺砖地面的出土情况，该地面以华丽的牡丹蝴蝶花纹砖铺砌。后确认这是南汉宫殿的一处庭院。

王宫的辉煌：蝶恋花纹方砖

南汉王宫的建筑用砖，纹饰风格古雅，内容层次丰富，装饰有神兽、莲花、宝相花等各类图案，大多数还施有青色、绿色或黄色的琉璃釉，绚丽多彩，十分华丽。其中的双凤神兽纹方砖，砖面菱形方块内模印有展翅腾飞的双凤，空白处饰折枝花卉，四边角饰神兽纹，别具特色。

在南汉二号宫殿的庭院中，还发现了一种尤为精美的铺地砖。这些正方形印花砖，边长约35厘米，厚4厘米，砖面中心的菱形方格内印有4只展开双翅的蝴蝶，仿佛正翩翩起舞，似要飞向四角上的牡丹花。

为什么是蝴蝶配牡丹？唐代奉牡丹为国花，代表了富贵，蝴蝶谐音“叠叠”，合起来就是“富贵叠叠”，体现了当时人们对美好生活的向往与追求。牡丹作为艺术审美形象盛行于唐朝，南汉地砖上呈现牡丹图案，也正是南汉国文化延续大唐遗风的明证。

它们被铺在宫殿的庭院里，我们似乎可以想见1000多年前宫殿中满园繁花、群蝶飞舞之景，一片瑰丽典雅的宫廷气象，呼应史书中对奢华的南汉宫殿的记载：“作昭阳、秀华诸宫殿，以金为仰阳，银为地面，榱桷皆饰以银；下设水渠，浸以真珠；琢水晶、琥珀为日月，分列东西楼上。造玉堂珠殿，饰以金碧翠羽。晚年，出新意，作南薰殿，柱皆通透，刻镂础石，各置炉燃香。”

就已发掘情况来看，二号宫殿是一座南北向，以多进殿堂、庭院和回廊组合而成的大型建筑院落，其台基高大，砖石工艺精湛，是目前中国考古发现规模最大的宫殿之一，应该是南汉皇帝主持朝政、接见群臣的重要殿堂，与史书中记载的“铸铁柱十有二，周七尺五寸，高丈二尺”的乾和殿，无论是从建筑规模、地理位置还是气势上看均不谋而合。

▲ 在南越国宫署遗址内出土的南汉国黄釉鸱吻，是目前广东省内发现年代最早的釉陶鸱吻。

权力的符号：黄釉鸱吻

史书记载，与南汉同属十国之一的南唐，在建国之初，烈宗李昪知取国艰难，乃志勤俭，只改前朝杨吴的金陵使府为宫，园苑、器物一无增加，唯独加筑了鸱吻、栏槛。后主时，为向宋廷降职示尊，每当宋朝使者到来，李煜就撤去金陵殿的鸱吻，等使者离开再复原。宋灭南汉后，李煜更加惊恐，遂撤去鸱吻，不再使用。

鸱吻是中国古代建筑屋顶正脊两端的雕塑，一般为龙、凤、鱼或与之形象相结合的神兽，极富装饰性。正脊，作为屋顶最高处的水平屋脊，在结构上与视觉上均居突出地位。正脊上的鸱吻，更是建筑中最堂皇、最引人注目的部分。它的设计，对于整栋建筑的造型造势来说至关重要。

南汉宫殿遗址发现有气势非凡的黄釉鸱吻、龙首鸱吻等脊兽，它们被赋予了兴云作雨、消灾辟火的神奇本领，同时造型精巧至极、匠心独具，使屋顶变得美轮美奂，无不彰显盛唐遗风。

其中一件黄釉鸱吻，虽然已有1000多年的历史，出土时依然光彩熠熠。其残高约80厘米，重六七十斤，纹饰清晰，周身布满鳞甲，有鸟羽、凤尾、龙爪，底座饰云气纹，头部残缺。通体施黄釉，璀璨夺目。其上部有光滑断面，并设有榫眼，必另有构件与之相连，完整高度应超过1米，可以想象所在宫殿之恢宏大气。这是目前广东省内发现年代最早的釉陶鸱吻，比陈家祠屋顶上的石湾釉陶鸱吻要早近950年。

传说鸱吻是海中神兽，为“水之精”，“能辟火灾，可置之殿堂”。其实，除了装饰作用和辟邪消灾外，它还具有防止渗水，保护屋脊的实用功能。鸱吻更是封建社会皇权至上的礼制符号。唐代关于土木营缮的法律制度《营缮令》中有明确规定：宫殿必是庑殿顶，设置鸱吻。它反映着建筑物的等级规格，而且只有皇家宫殿和寺庙才允许使用金黄色的鸱吻。

▲ 兽面砖在屋顶上的位置示意图。宋代以后兽面砖的使用逐渐为角兽所取代。

用于辟邪的保护神：兽面砖

中国古代对建筑屋顶的样式有严格的要求，宫殿最常采用庑殿顶，又称“五脊顶”，除了最高处的正脊，坡面的交会处还有垂下的4条垂脊。兽面砖一般设置于垂脊前端，可以固定上端瓦片，还能镇宅辟邪。它的造型丰富多样，在屋面上安放的位置也各不相同，特别引人注目。

南汉王宫遗址发现了很多兽面砖，它们均浮雕兽面，双目怒视，咧嘴獠牙，两耳耸立，额头、两颊饰有毛须，神态凶煞威武，有的眉间刻一“王”字，有素面的，还有施绿釉的，高度从20~30厘米不等。兽面造型较接近虎头，为吉兽纹，象征威猛、勇敢、公正之意，取之震慑、辟邪、降恶之用。

目前中原地区发现最早的兽面砖出现在北魏洛阳城宫殿遗址。唐朝时，兽面砖盛行于皇家宫殿、行宫，如今日本和朝鲜半岛也有发现。其形制大体分为两类：一类是尖脚款，身后背负筒瓦或叠脊砖，头顶弯形瓦当，用尖脚“骑坐”在屋脊上；另一类是矩形或梯形的，上方常有一钉孔，此类砖背面平直，不接筒瓦，且多为长方形，较难放置于脊头上，据推测可能是钉附于檐下墙头上。宋以后兽面砖逐渐在中国古建筑中消失，以角兽取代。而在日本，性质相似的鬼瓦却非常兴盛，甚至在镰仓时代后，鬼瓦逐渐取代了传统的唐样鸱尾而成为正脊端头的主要装饰。

在皇家建筑屋顶上配以兽面纹饰构件，除其镇宅辟邪的文化内涵，也彰显了王室的地位和权力。从考古情况看，兽面砖的使用有严格的等级界限，目前发现的兽面砖都出土于都城宫殿、祭祀建筑等遗址。狰狞的兽面纹占据着砖的主体画面，堂而皇之出现于皇室殿堂高耸的脊端，气势磅礴，向世人展示王的权威。

▲ 考古材料与史书中有关南汉国的记载相结合，能够较真实地重现南汉国的社会面貌。

史书中的南汉国

907年，朱全忠逼迫唐哀帝禅位，自立为帝，至此，盛极一时的唐王朝结束了200多年的统治。中国进入长达半个多世纪的大分裂时期，史称“五代十国”。在岭南地区，刘隐、刘龑兄弟于乱世中崭露头角，建立刘氏藩镇，并于917年建立南汉国，升广州为兴王府。至971年，宋朝奠立，挥师南下，南汉在统一趋势中灭亡。从建国到亡国，南汉共历55年，是五代十国中国祚第二长的政权。

五代历来被看作乱世，《新五代史》记载：“于此之时，天下大乱，中国之祸，篡弑相寻。”然南汉偏安岭南，“五十五年来，岭表无事”，刘氏统治期间，由于政治措施得宜，社会稳定，人口剧增，府库充实，国力强盛。统治者为了满足自己的奢欲，广聚珍宝，大兴土木，建造了许多宫殿和苑囿，“三城之地，半为离宫苑囿”，还特设“宫苑使”，专职负责营建和管理。南汉国祚虽短，但在园林建设方面却取得了较大的成就。

南汉王室的生活穷奢极侈，《旧五代史》评价，刘龑称帝后极尽享乐之能事，“广聚南海珠玑，西通黔、蜀，得其珍玩”。《南汉书》称之外贸日盛，“犀象、珠玉、翠玳、果布之富，甲于天下”。《九国志》载，到了后主刘𬬮时，“珠贝、犀象、玳瑁、翠羽，积于内府，岁久而不可较”。

南汉时期，岭南的经济得到恢复和发展，农业、手工业，特别是商业贸易的活跃，对经济的贡献尤为突出。南汉国地处南海之滨，都城广州自秦汉以来就是交通要地，汉代广州是全国九大商业都会之一，隋唐时期广州更成为最大的港口城市。刘龑称帝后，最大限度垄断东南海路贸易，甚至不惜出兵抢劫海商，为南汉国带来丰厚的利润，统治者借此享受极尽奢华的生活。

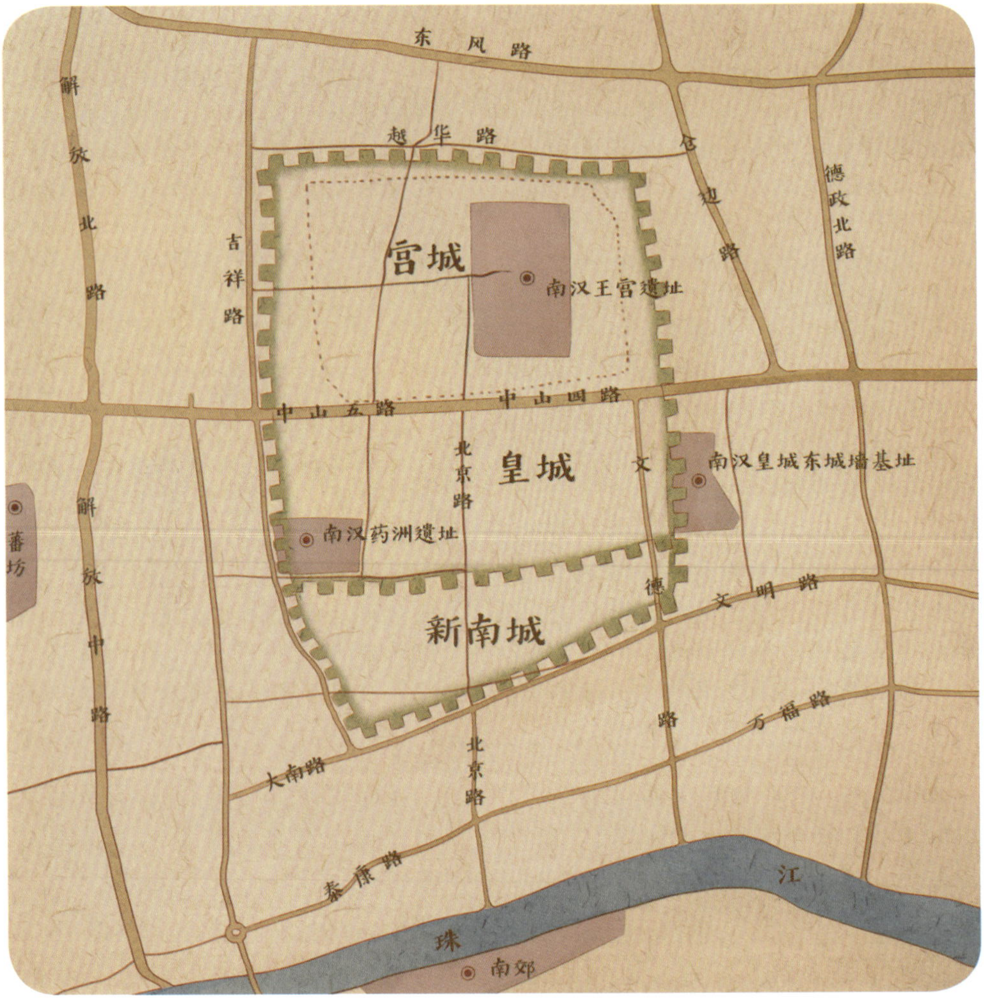

▲ 唐末，时为唐清海军节度使的刘隐开始扩建广州城，使城南直抵江边。刘龑建立南汉国后，将广州升格为兴王府并进行更大规模的城市建设。

气势恢宏的兴王府

广州的城市形态在南汉时期有了突破性的变化。由于海外贸易的兴盛，作为物资集散地和外国商人的聚居点，唐广州城原有的规模已经无法满足社会发展的需要。从烈宗到后主，南汉王室效仿长安城对改名为兴王府的广州城进行了规模空前的建设，国都的格局更加凸显。

宫城是南汉的政治中枢，以君王处理朝政之所为中心，位于今中山四路的南越王宫博物馆一带。史书记载乾和殿、昭阳殿、文德殿、万政殿等尽在其中，走鸾飞凤、大气磅礴。1995年以来，陆续在此发掘出多处南汉国宫殿基址、大型水池等重要遗迹。

宫城之南为皇城，大体以今中山四路以南、西湖路以北的北京路为中轴，应是贵族的居所以及各中央衙署所在。刘龑把唐南城门清海楼改为双阙，效仿中原，渲染王宫的气势。

皇城之南为郭城，即新南城，是人烟稠密的居住区，也是商业中心。南汉仿长安在新南城大街左右布列坊市，即为“左右街”。南门面向珠江，称鱼藻门。2007年发现的长塘街皇城东城墙基址，确立了南汉广州城的东界，具有极为重要的坐标意义。

西部城区有万商云集的蕃坊，且区内水域成网，风景优美，刘氏辟为苑囿，现犹存药洲遗址。

东城与北部郊区是南汉宫城的屏障。东城以北，今小北路及其以北地区，唐代有溪水流经，为踏青避暑胜地，南汉在此建甘泉苑。

珠江南岸岗阜连绵，土地肥沃。南汉在这里修建了不少殿堂坛庙，仿长安大明宫含元殿形制修建郊坛。朝廷祭祀南郊，就在这里举行，今仍有“郊坛顶”街名。

▲ 南汉国统治者广建离宫别苑，今天广州市教育路的药洲遗址就是当时的“九曜园”。

离宫别苑　药洲遗址

刘氏热衷兴建宫苑，“南宫、大明、昌华、甘泉、玩华、秀华、玉清、太微诸宫。凡数百，不可悉记”。传后主刘鋹每年农历六月蝉鸣荔熟时，于昌华苑设宴款客，与妃子群臣赏荔游乐，饮酒啖荔，“窗外四壁悉皆荔枝，望之如红云然”，这就是著名的“红云宴”。

繁华落尽，遥望千年，清影尚可寻。今天，在广州著名的北京路历史文化街区的教育路上，就深藏着一处南汉园林遗迹——九曜园，这是南汉南宫内苑——药洲的一部分。遗存至今的九曜石及历代名人碑刻，历经千年，见证了广州的兴衰。

高祖刘龑利用天然谷地开凿长达500余丈（约1600米）的湖区，名西湖或仙湖。湖面狭长，湖中有洲屿，史载刘龑在此聚方士炼丹求仙药，故曰药洲。药洲上置名石九座，世称“九曜石”。九曜，指梵历中的九星，民间指日、月、水、金、火、木、土、罗睺和计都等9位星君，他们主宰人间的吉凶祸福。以九石比拟天上九曜星宿，寓意人间美如天宫，乃中国古代“天人合一”的宇宙观在园林设计中的体现。药洲不仅以石胜，且遍植奇花异卉，有“花药氤氲海上洲”之称。湖岸多有亭、榭、楼、馆，风景佳美，烟水空灵，具神山仙岛的意境。

宋以后，药洲湖面逐渐淤塞，但水中的湖石尚存，是历代文人墨客雅集之地，宋人题诗：“步入蓬仙洲，煮茶景廉堂。采菊筠谷下，榜舟九曜石。”园中今留有历代碑刻数十方，尤以宋代书法家米芾题刻的“药洲”最为著名。药洲遗址是南汉宫苑唯一的园林地面遗存，也是中国现存最早的古代园林地面遗迹之一。

▲ 南汉时的光孝寺东、西铁塔。

南汉国的宗教信仰

宗教，对统治阶级是稳固政权的工具；对人民来说则是信仰，是重要的精神寄托。南汉王室崇佛，禅宗在这一时期达到了极盛，而其流派之一云门宗则在刘氏的扶持下独盛于岭南。

南汉在岭南大地广建寺庙，广东境内有记载的就有45所。兴王府尤甚，后主曾应天上二十八宿之数，在兴王府周围东南西北各建7座佛寺，合称“南汉二十八寺”。比如，距离南汉王宫不远的大佛寺，前身是南汉北七寺之一的新藏寺；今海幢寺址原为千秋寺；今三元宫址原为悟性寺，当然都已无从考证当年的形制了。

今存的南汉佛教文物有光孝寺东、西铁塔，是君主礼佛的实物见证。西铁塔原为7级，残存3层，每层四面塔身均铸有多个佛龛，内有佛像，从下至上，全塔如竹节状递减，现存大小佛像共计592尊，全塔共铸佛千余，故人称“千佛塔”。塔身下有巨型仰莲瓣、双层须弥座和基座承托。塔檐下和须弥座上铸有飞天、力士等图案，十分精美。塔身铭文显示此塔于963年由刘鋹宠信的宦官龚澄枢出资铸造。东铁塔仿西铁塔而建，为完整保留的7级宝塔，以刘鋹名义建造。铸成之初，双塔贴金，金光灿烂，称涂金千佛塔。贴金早已随岁月流逝而脱尽，露出铁塔本色。南汉光孝寺东、西铁塔是中国现存最早的铁塔，具有极高的历史和艺术价值。

清《楚庭稗珠录》有言：“澄枢助鋹以暴粤人，粤人苦之。鋹今以为詈（责骂），曰‘蛮澄鋹’。”俚语“蛮澄鋹”，意蛮不讲理，影射龚澄枢、刘鋹，可见时政之残酷。南汉统治者暴虐而崇佛，历任国君都和“残暴”二字脱不了干系，中宗刘晟，弑兄夺位后生怕他人仿效，竟将其余的14个兄弟尽数杀害。既如此残暴，“而媚佛何益乎？”也许是统治者想借佛力来安慰自身，求得心灵解脱吧。

第五章 漂洋过海——海上贸易之路

一千多年前，古人从南海出发，漂洋过海，乘风破浪，历经千难万险，足迹远至印度、阿拉伯半岛和非洲东岸等地，他们沿着这条广州通海夷道，将中国的丝绸、陶瓷和茶叶远销海外，同时也将不少异域奇珍带回中国。

一千多年后的今天，曾经畅销海外的西村窑瓷器、来自西亚的波斯蓝釉陶器和伊斯兰玻璃、刻有外国人形象的象牙雕像等陆续在南越国宫署遗址出土，它们曾是海上丝绸之路繁荣昌盛的重要见证。

这一件件文物经过岁月冲刷，历经沧桑，向后人静静地诉说着这段海贸传奇。

▲ 2008年，考古人员在中山五路发现了若干孔雀蓝釉陶器碎片，后修复成一件较完整的大陶瓶。

发现波斯蓝釉陶器

1997年，南越国宫署遗址的发掘正紧张而有序地进行着，让考古人员惊喜的发现接踵而至。在唐、南汉第二期遗存中发现了十块陶片，在同期的水井中也出土了一片同类的陶片，全都是瓶罐类器物的口沿和腹部残片。这些陶片的釉色尤其独特，介于蓝、绿之间，或偏于蓝色，或偏于绿色，呈现翠蓝、淡绿、墨绿、翠绿等色调，深浅不一。在英语中，这种颜色被称作“turquoise”，翻译过来就是绿松石色或蓝绿色，因颜色接近矿物绿松石而得名。而我国学界，习惯称之为“孔雀蓝釉”或“孔雀绿釉”。这种釉色起源于西亚地区，在当地一直十分流行，至波斯萨珊王朝时期（226—651年），这一釉色被广泛应用于陶器之中，待伊斯兰统治这一地区后得到充分发展，成为各种器物和建筑装饰的基本色调。

距离这次考古发现10年以后，2008年考古人员再次在遗址西南侧的中山五路工地发现了一批孔雀蓝釉陶器碎片。这次非常幸运，技术人员巧手修复出了一件较完整的大陶瓶。

让考古人员十分惊喜的是，这件陶瓶的器形与1965年福州市北郊莲花峰南麓五代十国时期的刘华墓中出土的三件孔雀蓝釉陶瓶十分相似。除了广州与福州，扬州、宁波、桂林及容县等地都陆续发现了这类陶片。目前我国出土的孔雀蓝釉陶器及残片大致都属于中晚唐至五代时期，无论从陶片的胎质、釉色和可能的器形、装饰风格来看，都与同时代的中国陶瓷器相去甚远，却与9—10世纪伊斯兰釉陶器较为一致。因此学界认为，这种孔雀蓝釉陶器应该是来自海外的舶来品。

▲ 南汉“清远公主”出嫁闽国。

漂洋过海　来自西亚

福建刘华墓的墓主刘华，字德秀，是南汉烈宗刘隐的次女，封号“清远公主”。917年，南汉公主刘华年方二十有二，“帝嫁其女清远公主于闽”。就这样，刘华与闽王王审知的次子、闽国君主王延钧结为夫妻，初封燕国夫人，后得封王后。刘华墓中出土的孔雀蓝釉陶瓶，与南汉都城广州所发现的器物如此相似，很可能是当时公主从南汉带去的嫁妆之一。公主身处异乡，缕缕乡愁无处安放，几件从故乡带去的独特陶瓶，可能因此而成为她寄托情感之物，最后更成为她的陪葬品。

当然，五代十国时期，闽国“招徕海中蛮夷商贾”，十分重视发展海外贸易，如果说这种孔雀蓝釉陶瓶作为外来之物，经海上丝绸之路进入闽国也不足为奇。刘华墓中的陶瓶，无论是从南汉而来，还是直接从海外进入闽国，都是当时海上丝绸之路繁荣昌盛的重要见证。

在西亚地区，如伊朗、伊拉克、巴基斯坦等地，都有不少孔雀蓝釉陶器出土。在伊拉克更是出土了多件与刘华墓陶瓶几乎一模一样的器物。如今，伊拉克巴格达博物馆、英国大英博物馆、牛津大学博物馆都有类似藏品。

纵观目前考古出土孔雀蓝釉陶器的地点，无论是国内还是国外，都是9—10世纪海上丝绸之路沿线的重要港口。随着这些精美陶器的发现与研究，这条海上通道曾经的繁荣景象也将再现眼前。

▲ 唐、五代时期，外国使者进贡的伊斯兰玻璃器被皇家贵族视为珍品。

遗址出土的玻璃器

除了色彩独特的孔雀蓝釉陶器，还有另外一种出土文物，也为后人叙说了千年前的海贸传奇。考古人员在南越国宫署遗址中，发现了几件唐代的玻璃碎片，其中一件较为完整，是一个宽约7厘米、高3.8厘米的平底平沿玻璃杯。这个玻璃杯和其他玻璃碎片呈浅绿色，质地轻薄，最薄的地方还不到0.1厘米，经检测，均属于伊斯兰钠钙玻璃。

在古代，西方生产的玻璃以钠钙玻璃为主，而东方则以铅钡玻璃为主。大概在西周时期，中国已有自己制造的玻璃，但在其后很长一段时间内，中国的铅钡玻璃由于材料所限发展缓慢。汉代陆上、海上丝绸之路的畅通，使西方钠钙玻璃开始大量传入中国，《后汉书·西域传》中就提到，大秦（罗马帝国）土多金银奇宝，当中就有琉璃，而琉璃即玻璃。

传入中国的西方玻璃器，不少被皇家贵族视为珍品。唐代岭南节度使路嗣恭曾分别向唐代宗和宰相元载进献外国玻璃盘，唐代宗得到的玻璃盘直径9寸，本以为是天下至宝，后来元载因贪污被抄家，搜出的玻璃盘直径竟达1尺，令唐代宗耿耿于怀。这两件巨大的玻璃盘，应该就是通过海上贸易从西亚进口的伊斯兰玻璃。

五代南汉国时，玻璃器也成了南汉王室的宠儿。南汉开国君主刘龑所葬的康陵被盗后仅存的文物中，就有一件伊斯兰玻璃瓶。这件玻璃瓶为无模吹制而成，呈湖水绿色，器壁有11道凸棱，质地轻薄，工艺精湛，难怪南汉君主珍而重之，还以此随葬。

▲ 随着海外贸易的繁荣发展，唐代时，外国商人尤其是阿拉伯商人大量来到广州。为了方便管理，唐朝廷在广州城西划出外侨居住区，称为“蕃坊”。当时广州城南和蕃坊都是相当繁华的地区。

国际都会　蕃商云集

2000年，考古人员在南越国宫署遗址的隋唐时期地层中发现了一件高只有3厘米的象牙雕像，文物虽小却引起了大关注。这件象牙雕像上部为一个人的头像，鼻子挺拔、眼眶深邃、头发卷曲，是典型的高鼻深目的西方人形象。其底部圆形，形似印章，因此一开始有人认为这是未及雕刻的印章料，但更多专家相信这只是一件雕像，或者是代表某种宗教神明的雕像。无论如何，这件象牙雕像应是当时旅居广州的西方商人携带之物。

唐代的广州是当时东方第一大港，是名副其实的国际化大都市。中国的唐代史籍和9—10世纪的阿拉伯文献，都记载了当时来往的海上线路，广州是这条路线上非常重要的港口。851年，由阿拉伯商人撰写的《中国印度见闻录》就提到“广府是船舶的商埠，是阿拉伯货物和中国货物的集散地”，也是“阿拉伯商人荟萃之地”。初唐以来，数以十万计的外国商人陆续来到广州经商，中国文献称之为“蕃人”，也就是外来之人的意思，近现代粤语中依然以“番”指代外国人。

唐太和年间，西方商人集中居住的地方“蕃坊”逐渐形成，是留居在广州的阿拉伯、波斯等国商人、侨民主要活动的区域。唐政府还让穆斯林公选出“蕃长”，负责处理蕃坊的公务、组织宗教生活等。据记载，唐宋时期蕃坊应以今怀圣寺为中心，东起朝天路，南濒当时的珠江北岸（今惠福西路），西至人民路，北抵中山六路。如今这一带的地名，如仙邻巷①、甜水巷②、玛瑙巷、象牙街等，都是因唐宋时蕃客在蕃坊经商而得名，从中仍能一窥昔日的繁华。

① 仙邻巷：仙邻，阿拉伯语音译，即中国。

② 甜水巷：甜水，阿拉伯语音译，即中国山岗。

广州通海夷道

671年，唐代高僧义净从广州启程，取道马六甲海峡至斯里兰卡，最后抵达印度。义净走的这条路线，与《新唐书·地理志》中收录的“广州通海夷道”基本一致。这条航路是由唐代著名地理学家贾耽在贞元十七年（801年）所记录，船舶从广州出发后，经珠江口屯门港，沿越南东南部海面，穿越马六甲海峡，横越印度洋抵达斯里兰卡和印度半岛南端，再进入波斯湾，可抵达奥巴拉港和巴士拉港，最远可到达当时阿拉伯帝国的首都，即今天的巴格达。全程途经30多个国家，是当时世界上最长的国际航线。

1984年在陕西泾阳县发现的一方“唐故杨府君神道之碑”，记述了唐德宗年间杨良瑶奉命出使黑衣大食（今西亚一带）一事。碑文写道：“以贞元元年（785年）四月，赐绯鱼袋，充聘国使于黑衣大食……届乎南海，舍陆登舟。”也就是说，他是从南海上船，经海路

▲ 唐代广州是重要的贸易大港，当时“舶交海中，不知其数”，其繁华程度可见一斑。《新唐书·地理志》详细记载了从广州出发航行可到达的地点和所需时日，这条航线也被称为“广州通海夷道”。

到达黑衣大食，也就是阿拔斯王朝。碑文并没有记载详细行程，但参照贾耽记录的广州通海航线，同时代的杨良瑶应该也是走同样的路线出使阿拉伯。这位在正史中并无记载的杨良瑶，是我国第一位航海抵达波斯湾沿岸的外交使节，比郑和要早600多年。

从义净、杨良瑶与贾耽的记录，可知这条航路是7—8世纪时中国与印度之间往来的主要海上通道。实际上，这条路线是由来往商人开辟，僧侣附舶而行，进而发展为官方往来的通道。而广州，正是这条通道上最重要的港口之一，当时广州港口“舶交海中，不知其数”。唐代诗人刘禹锡惊叹之余，曾留下“连天浪静长鲸息，映日帆多宝舶来”的诗句，其繁华景象可见一斑。

▲ 近年来在印尼及附近海域发现的几艘著名沉船，均出水了数量众多的中国商品，以及唐代或南汉钱币，这是当时南海航线上贸易兴盛的真实体现。

穿越时光的沉船

古人扬帆远航，一路上往往历经艰难险阻，或是突如其来的狂风暴雨，或是神秘莫测的成群暗礁。千百年来，无数商船中途沉没，销声匿迹。而千百年后，一艘艘沉睡海底的沉船被陆续唤醒，淹没海底的件件文物，连同往昔的辉煌与磨难，连同遥远而漫长的海上丝路，一起穿越时光，把那一段段隐没已久的丝路故事向人们娓娓道来。

1998年，在印尼勿里洞海域打捞到一艘沉船，因附近有黑色礁石而命名为“黑石号”，出水的文物内涵丰富，数量庞大，保存完整，引人注目。从船只的结构来看，应是一艘阿拉伯商船，装载着经由东南亚运往西亚、北非的中国货物。货物中仅中国瓷器就有67000多件，其中长沙窑的釉下彩瓷占了55000余件。因一件瓷碗上带有唐代宝历二年（826年）铭文，结合其他器物考证，沉船的年代被确认为9世纪上半叶。船上还发现了200多枚唐代铜钱，数量不多，应该是船员的随身物品，想必他们常年往返于这条南海航线上，才会留备中国铜钱等到下次贸易使用。

发现“黑石号”的前一年，在印尼爪哇海西北部发掘的印坦沉船里，出水了超过5000两的南汉“桂阳监”银铤和137枚南汉“乾亨重宝”铅钱。可知此船舶主曾在广州一地与南汉国进行贸易，随后从广州离境出洋。从造船工艺分析，印坦沉船应属于10世纪中期东南亚船只。

2003年，又一艘重要沉船在爪哇北岸井里汶海域被发现。相比前两艘船，这艘“井里汶号”沉船所载的货物数量更是惊人，来源广泛，涵盖约20万件中国瓷器和7000余枚南汉“乾亨重宝”铅钱，反映了10世纪中后期令人难以想象的贸易规模。

海上丝路以船只为载体，是东西方之间的“黄金航线”。时过境迁，沧海桑田，这些遗留在海底星罗棋布的沉船就是那段辉煌历史最好的见证。

▲ 市舶制度使海外贸易趋于规范化，同时也反映了朝廷对海外贸易的重视。

市舶制度

随着海上交通贸易的蓬勃兴盛，与之相关的市舶制度也应运而生。据记载，唐开元二年（714年）在安南首次设立市舶使，到了开元十年（722年），朝廷在广州亦设置了市舶使，为宋、元、明三代沿用，持续近千年。

唐朝设立的市舶使，主要职责是收集地方上的奇珍异宝和收取市舶收入上交皇帝，并与节度使等地方大员共同管理市舶贸易。唐时一艘外国商船在广州靠岸后，先要缴纳下碇税（类似如今的关税），随后市舶官员上船阅货检查，地方政府向朝廷汇报商船情况，并设宴款待外商。韩愈为曾任岭南节度使的孔戣所作的墓志铭记载，“蕃舶之至泊步，有下碇之税，始至有阅货之燕（宴）”，柳宗元《岭南节度飨军堂记》则记载了这种宴会的盛况。而设宴的地点，正是今南越国宫署遗址的位置，这里在唐朝既是节度使府，也是飨军堂所在。

在市舶管理中，“进奉”是主要内容，即蕃商经市舶使向皇帝进贡珍奇物品，以及节度使在征收下碇税和官方贸易后将所得精品进贡朝廷。由此可见，市舶使的出现正是为了满足唐代宫廷对海外奢侈品的需求。到唐后期，市舶贸易所得逐渐发展成中央财政收入的重要来源之一。

五代时期，史书未见记载岭南是否有设市舶使一职。但据《旧五代史》载，南汉国统治者刘氏兄弟都曾多次向后梁皇帝进贡海外珍异，其中香料、犀角、珍珠、玳瑁均为东南亚、南亚地区特产，象牙多见于东南亚和非洲，金银器则以西亚地区最有名。这些珍宝主要通过海路运到广州，可见南汉必设有类似职位或机构履行管理市舶之职责，海外贸易未有停顿，一直持续发展。

专门的市舶管理机构——市舶司在宋初出现。971年，潘美率军平定岭南，北宋政府便在广州首设市舶司，并由潘美兼任市舶使，管理海外贸易事务。宋时，经由海路进入中国的商品以香料为主，广州港的香料吞吐量惊人，还出现了专门的香市。宋神宗熙宁十年（1077年），仅广州一地所收乳香即多达20万斤，可见海外贸易规模空前，臻于鼎盛。

▲ 在南越国宫署遗址出土了一件宋代西村窑军持。军持，是伊斯兰教徒的净手用具。

远销海外的西村窑

2000年以来，在南越国宫署遗址的宋代地层陆续发现了不少青釉瓷器，其中有一类器物造型与众不同，长颈大腹，瓶的上部有直立的细长圆管，肩部一侧有上翘短流，甚是特别。这种器形源自海外，有一个神秘的名字——军持。军持其实是伊斯兰教徒用于盛水洗手的日常用具，在东南亚和西亚地区非常流行，大约在隋唐时期传入我国，随后一直长盛不衰。从唐至清不少窑口均有持续生产，大量出口。几经分析鉴定，这些在南越国宫署遗址出土的军持都是出自一个本土民窑——西村窑。

北宋时期，瓷器成为海上丝绸之路上最大宗的出口商品，广州作为当时中国最重要的对外贸易口岸，各地民窑瓷器齐聚广州以待外销。《萍洲可谈》记载，宋代在广州的船舶“货多陶器，大小相套，无少隙地”，这些多得密密麻麻的货物就是外销瓷。

在这个时代背景下，广东、福建沿海一带的外销瓷窑场如雨后春笋般兴起，广州西村窑便也应运而生。意识到有利可图，西村窑的工匠们看准商机，模仿受欢迎的耀州窑和景德镇窑产品，自己烧制瓷器出口，可以说什么款式的瓷器好卖，就烧造什么瓷器。慢慢西村窑也就逐步成为外销陶瓷的生产基地。尽管窑场持续时间不长，但西村窑瓷器却有远销海外的不凡经历，不仅在南越国宫署遗址有大量出土，在南海西沙群岛海域、东南亚、西亚等地都有西村窑瓷器出土或传世。

然而，随着北宋灭亡，南宋迁都杭州，广州失去全国最大港口的地位，西村窑的工艺、瓷器的质地和技术因缺乏竞争力也随之衰落。

西村窑的发展历史与广州的外贸历史息息相关，它随着广州外贸和港口的发展而兴起，又随着它的衰落而消亡。正可谓成也外销，败也外销。西村窑的这段历史，也恰恰是广州宋代海上贸易发展历史的一个缩影。

现代 —— 南越王宫博物馆

明清 —— 广东承宣布政使司署

宋代 —— 经略安抚使司署

南汉 —— 南汉王宫

唐代 —— 岭南道署

汉代 —— 南越王宫

第六章

无字史书——反映历史的地层标尺

书读到这里，已经是最后一章了。

在这本书的背后，是一部沉淀了两千多年古城历史的『地书』，从1975年至今，考古学家已经翻阅了40多个春秋。

作为广州城市发展的原点，从先民选址此处建城开始，城市的文明就在这里生根发芽，经历两千多年的寒暑交替，风霜雨露，成长为今天的枝繁叶茂、郁郁葱葱。

考古人所做的，正是在原点之下，追根溯源，探寻深藏地下的城市发展的脉络，将压缩在泥土里的历史发掘出来、舒展开来进行探索，让更多的人了解、分享考古发掘成果，了解城市文明的进程。

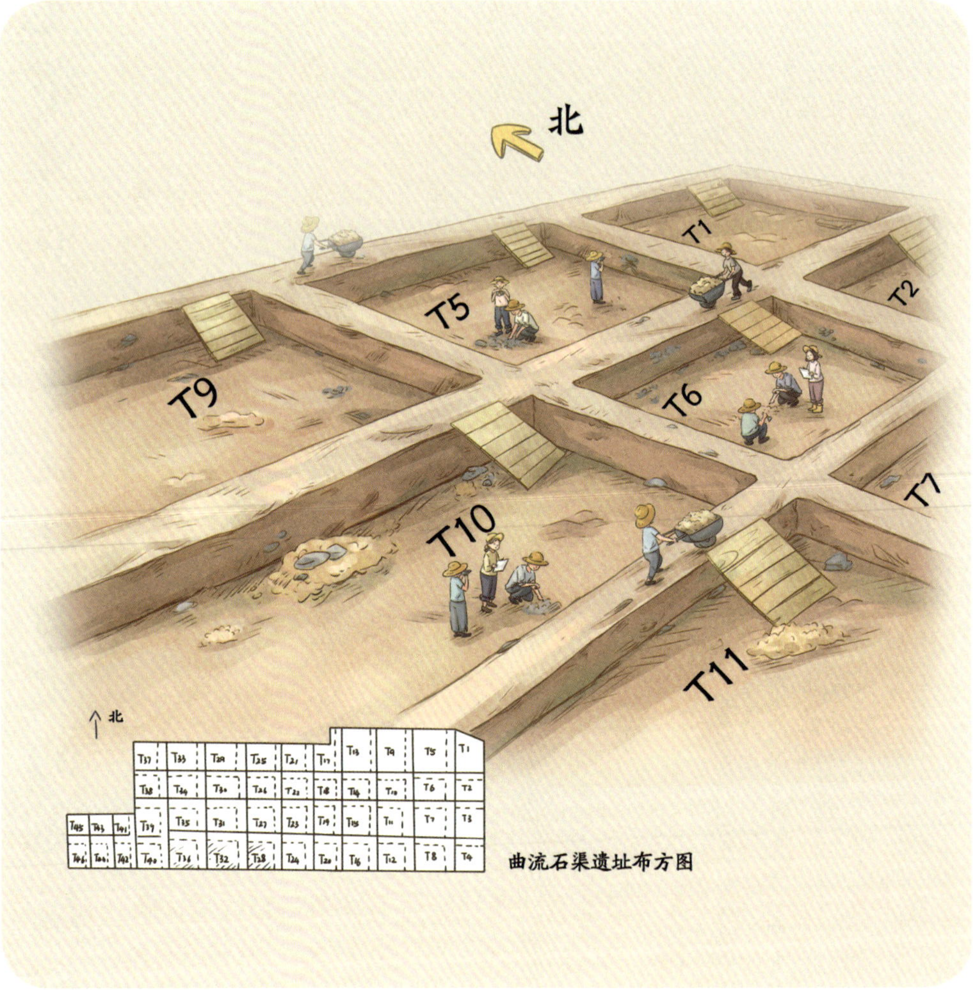

▲ 把待发掘区域划分为若干规则的小区域，称为“布方”，每个小区域称为“探方”。

翻开这本“地书”：探方发掘

面对这本层层叠叠的“地书”，最直接的解读方法，就是进行考古发掘。考古发掘的目的是恢复和保存珍贵的历史信息，从而认识我们的过去。地下遗址总是有很多难以预测的复杂因素，为了避免遗址破坏和信息丢失，考古人员会采取科学而有条理的方法进行发掘。

目前国内较为常用的发掘方法是探方法。发掘前，考古人员会将发掘区域划分为数个规格统一的方格子，这些方格子称为“探方”。根据遗址面积的大小，决定探方的大小和数量，并为每个探方编号。这样，在探方内进行发掘的时候，既方便记录遗迹的大小和遗物的位置，又不会漏掉细节，使发掘工作有序进行。

1997年7月，正值广州的雨季，考古队准备对中山四路原广州市文化局大院内约4000平方米的建筑地盘进行抢救性考古发掘。为保证发掘安全和截断地下水对遗址的威胁，要先围绕待发掘区域构筑一圈入地6~10米的桩墙。桩墙的位置是否会对遗址造成影响，则全凭运气。

考古队在桩墙范围内布方46个，探方普遍为8米×8米。在发掘时，相邻的两个探方之间会保留一条宽1米的隔梁不作下挖，一方面可以用作取土和运土的通道，另一方面可以留出剖面，以便考古人员观察地层叠压的情况。

遗址发掘到距离现代地面4米多深时，揭露出南越国地层。在发掘工作的后期，考古人员把隔梁清理后，横贯整个发掘区的南越国曲流石渠遗迹被完整地揭露出来。当初的桩墙，竟刚好落在石渠的边沿外，真是冥冥中自有天佑！

如今在南越王宫博物馆曲流石渠遗址保护区的西部，还可看见当年发掘区的探方与隔梁的痕迹。而隔梁与隔梁相交的地方，现在保留有几处地层关键柱，当时深挖4米多后留下的地层剖面清晰可见。

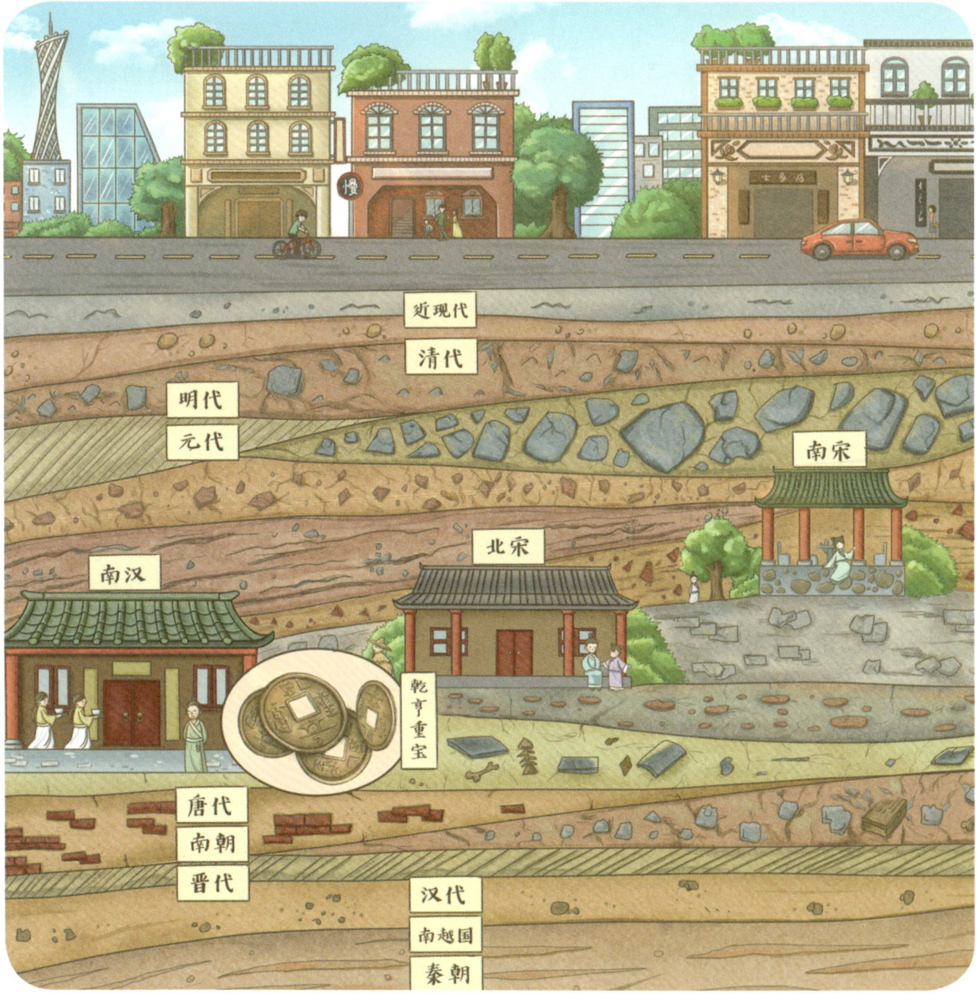

▲ 南越国宫署遗址一带文化层众多，说明这里历史上一直有人生活居住，自古便是广州的中心。

“地书”章节：考古文化层

广州的先民在这片土地上生活，一代又一代，建筑随着时代兴衰而不断更替，废墟被平整后又再重建，生活的痕迹如同树木的年轮，在地面上一层一层地增长。

南越国宫署遗址自下而上叠压了十几个历史时期的地层，最早便是建城之始的秦代地层。考古学家把这些由古代人类活动留下来的痕迹、遗物等形成的地层称为“文化层”，它们组成了“地书”中的章节，要解读当中的信息，首要就是区分文化层。

文化层是按照时间早晚，自下而上依次堆积而成的。人们在某个地方居住、活动，就会留下痕迹。最早的人类活动遗迹会直接叠压在生土层上，而后来的人们在同样的地方生活，就会在前人的遗迹上产生新的文化层。朝代更替，这片地方一直是人们的理想居所，便形成了层层叠叠的文化层和互相叠压、打破的遗迹现象。

考古人员根据地层的色泽、土质以及包含物的不同，可以区分不同时期的文化层。而确定文化层的年代，出土的遗物是重要的参考。在同一个文化层中，一般以年代最晚的遗物作为参照，因为一个年代里可以出现比它早的东西，却不能出现比它晚的东西。

在这些遗物中，钱币是十分关键的线索，因为其铭文特征明显，而且不少有准确的铸造年份见于史册。2000年，考古人员在原广州市儿童公园进行试掘，当考古人员清理到第十层时，找到了五代南汉国的“乾亨重宝”铅钱，这是该层年代最晚的文物。“乾亨”是南汉高祖刘䶮的年号，史籍记载，乾亨元年（917年），南汉铸造“乾亨重宝”铅钱。考古人员由此断定，第十层就是南汉地层。遗址中的古钱币，其价值已不仅是它本身了，对于考古人员来说，它还是文化层年代的定位标、历史信息的载体。

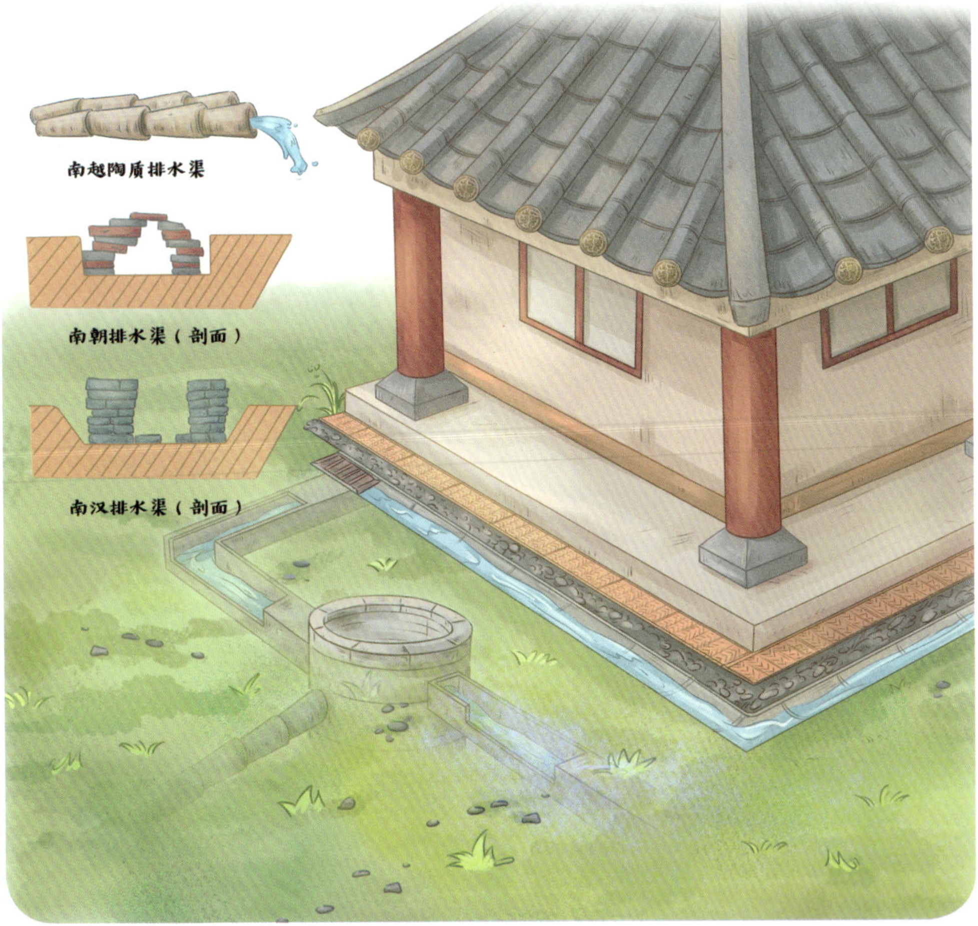

▲ 排水渠埋藏于地下，相对于地面建筑来说更容易保存下来。在南越国宫署遗址中发现的历代排水渠众多，它们反映了不同时期的建筑工艺和建筑布局。

地表以下：建筑的脉络

随着南越国宫署遗址发掘的深入，考古人员发现最多的，除了历代的建筑基址，还有数量众多的排水渠和水井。这些排水渠分布在不同时代的地层里，层层叠叠、纵横交错，就像一张地图，指示着曾经的地面建筑走向。

南越国曲流石渠遗址区的中部，横跨了一段长达85.4米的晋、南朝时期砖砌暗渠，而其上的南汉地层，还有一段长约76.2米的砖砌暗渠，与其相交叠压。

古代中国宫殿、官衙等大型建筑一般以夯土台基为基础，上面搭建梁柱结构，再于其上筑墙铺瓦。夯土台基、木质梁柱容易受潮发霉，为了延长建筑的寿命，古人非常重视排水设施的建设。

在南越国地层中，可以清晰地看到宫殿周边用来疏导雨水的散水、兜接地面污水的明渠、用于过滤垃圾防止下水道堵塞的地漏渗井、最终将污水排出宫外的暗渠，它们共同组成了纵横交错、科学完善的排水系统。

不同时期，排水渠的材质、工艺也各不相同。南越国早期使用木暗槽，晚期改用陶质管道，更加耐用。南朝时则是砖砌，渠壁上方采用叠涩式砌筑，即往上逐渐收拢封顶。有趣的是，南朝暗渠顶部有不少碎砖是南越国时期的印花砖，也许是南朝人开挖暗渠时，将偶然挖出的前朝地砖用作砌筑暗渠。五代南汉国时，连排水管道也极尽奢华，采用陶质管道，内施绿色琉璃釉，每节排水管构件上都刻有数字编号，以便安装套接。

朝代更替，官署民居一次次被推倒重建，地面建筑已成烟土，然而这些埋藏地下不为人所见的排水暗渠，反而能保存下来，成为每一个年代建筑的地下痕迹，向我们展示古城变迁的脉络。

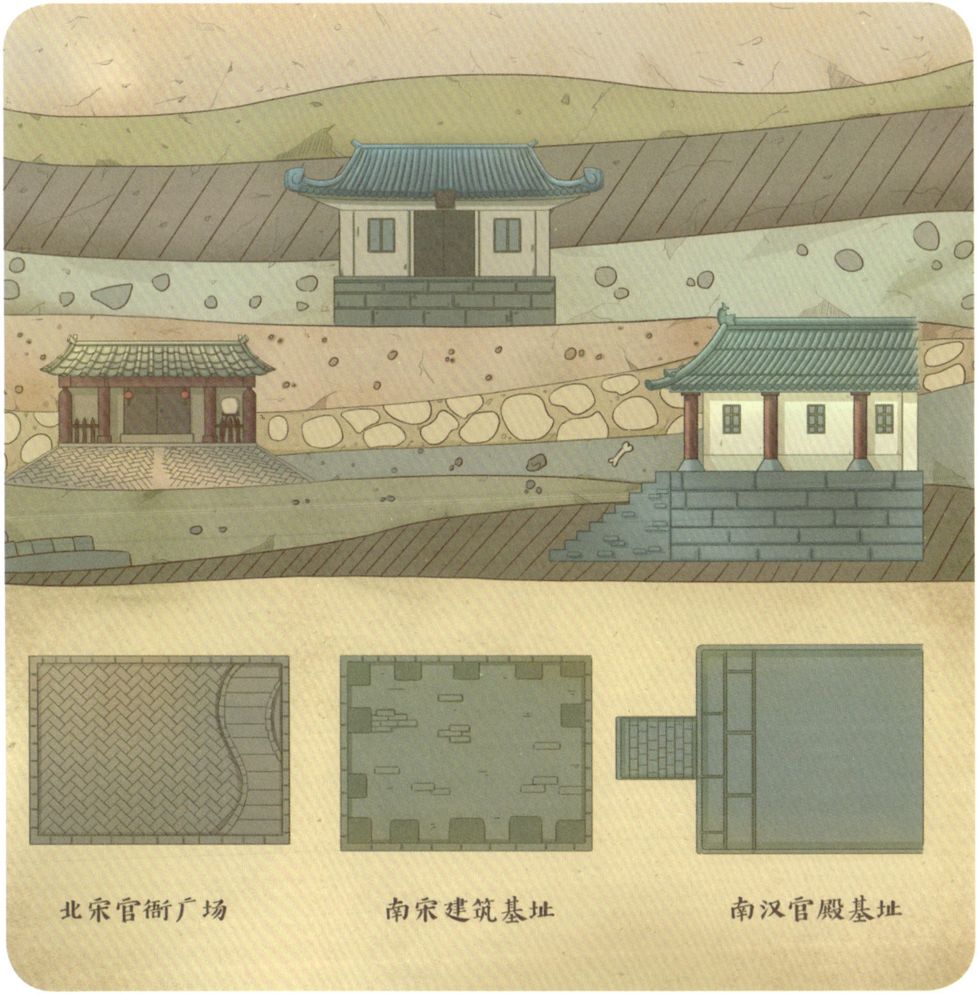

▲ 南越国宫署遗址内包含多个文化层，这既是遗址的一大特点，也是遗址考古工作的最大困难所在。

永恒的难题：地层取舍

考古发掘是不可逆的，当遇到文化层叠压的遗址时，考古人员便需要取舍。在南越国宫署遗址的发掘中，考古人员首先清理出明清时期广东承宣布政使司署的遗迹。然而通过勘探发现，这处遗迹之下还有其他朝代的重要遗迹，特别是南汉、南越两朝王宫遗迹。考古人员决定在做好记录的情况下，继续往下发掘。

当考古人员发掘到南宋地层时，一个南北长约18米、东西宽约11米的大型官衙建筑基址呈现在眼前。建筑基址台基四周用砂岩条石包边，台基上残存夯土墙、铺砖地面，还有15块柱础石。鉴于这处南宋建筑基址保存完好，考古人员决定保存下来，不再往下进行发掘。

而在南宋建筑基址的南面，考古人员往下清理出一处保存较好的北宋官衙广场地面，东西长30米、南北宽14米，面积约420平方米，地面用长方砖呈“人”字形排列铺砌，周边则用砖侧立包边。

宋代是广州城建历史上的重要时期，在南汉国兴王府的基础上，修建了子城，并在子城两侧增筑东城、西城，合为广州三城。子城作为官衙区，是广南东路经略安抚使司署的所在地。

南宋建筑基址的北面，清理出南汉国二号宫殿第一进殿的基址。这座殿堂是一处高台建筑，台基南面用巨型青石板包砌，东南面保存有登殿的东阶，东面南侧还有用石板砌筑的门道与东廊庑相通。

南汉、北宋、南宋三个时期的建筑遗迹紧邻出现，互相叠压，考古人员在对遗址作出全面评估后，决定将这三个时期的遗迹都保留下来。它们交相辉映，共同诉说着广州城建的历史。

▲ 灰坑是指考古遗址中的坑状遗迹，因颜色较深而发灰得名。其功能各异，常见有垃圾坑、窖穴、祭祀坑等。

“穿越”文化层：打破关系

文化层一层一层向上叠压，讲的是理想状况。在实际的考古中，经常会看到晚期地层打破早期地层，甚至地层倒装等错综复杂的情况。南越国宫署遗址的文化层中，最常见的还是地层打破，即后来生活的人们因为要开挖水井、坑道等，向下侵扰了前代的文化层。

考古遗址中常见有一种坑状遗迹，叫做灰坑。其内部堆积往往较地层更松软，颜色较深而发灰，故而得名。灰坑的形成和功能各异，有用于填埋垃圾的，有用于窖藏物品的，有用于掩埋金银的，也有用于祭祀的。但它们通常都低于同时代的地层，有时候甚至会打破前代的地层，在地层剖面上看，就好像“穿越”了几个文化层一样。

在灰坑里常常有意想不到的发现。2006年在南越国宫署遗址的一个元代灰坑里就发现两个倒扣的陶碗，里面有银锭18枚、银块7件，总重1300多克。这批银锭、银块形制、大小不一，应该属于私铸钱，也许是主人偷偷埋藏于地下而保存起来的，让人联想起“此地无银三百两”的典故。

除了灰坑以外，常见的打破现象还有水井。仅是南越国曲流石渠现存的160米渠体中，就被八口从汉代至清代的水井打破。在后代开挖水井的时候，曲流石渠早已被深埋在泥土之下，后人不知这下方正是南越御苑之地，水井开挖下去，一口气洞穿两千年的文化层，只是这时光隧道直到今天才在考古发掘中被揭露出来。

至于宫署遗址最精彩的打破关系，是在今天曲流石渠遗迹的东北端。一千年前南汉王宫深挖池苑的时候，恰好把埋藏在地下的南越王宫曲流石渠开头一段打破了。如今两座相隔千年的王宫御苑恰好就在同一处地方，宣示着广州城市中心地历经千年未曾改变。

南汉砖井

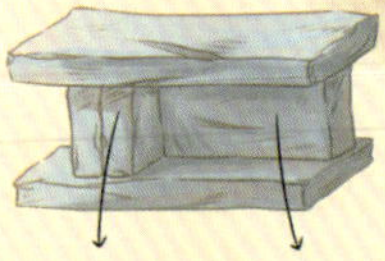

南汉砖井以竖砖（丁）间隔横砖（顺）来砌，称为“丁顺砌法”。这种砌法能使水井结构稳定，不易倒塌。

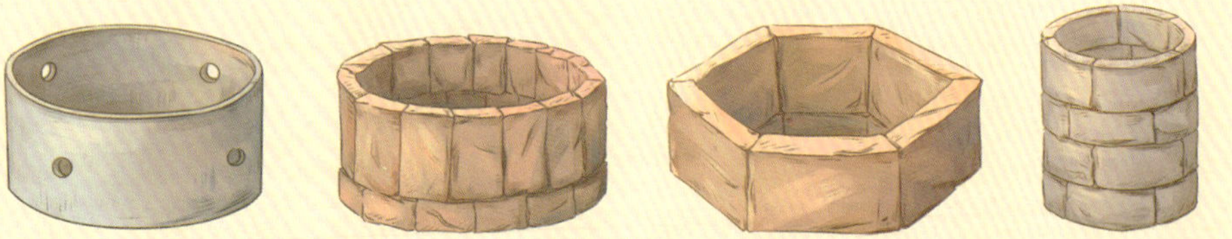

汉代陶圈井　南朝砖井　宋代石井　清代瓦圈井

▲　不同形制的水井，既反映了饮水文化的发展，也见证了时代的变迁。

中心地的见证：水井密布

南越国宫署遗址，又被誉为天然的水井博物馆。在3万多平方米的发掘面积里，500多口水井星罗棋布。不同年代的水井采用不同材质、不同砌法，每一口水井都为我们展示着广州古代水井文化。

水是生活所需、生命之源，从远古开始，人们就依水而居。后来，人们筑井取水，水井成为考古人眼中发现居所的重要线索。从遗址区的500多口水井来看，它们分属于秦汉至民国不同的历史时期，深度一般在几米到十几二十米之间，属于浅表型水井，说明岭南地区两千多年来一直是地下水比较丰富的地方。而数量如此庞大的水井集中发现，也说明这片遗址区一直是人们聚居的理想之地。所谓“岭南两千年中心地”，这500多口滋养了一代代广州人的水井，正是这片“中心地”最好的注脚。

这里的水井砌法与建筑方法一样，都凿刻着时代的特征。汉代水井多见陶圈井，预先烧制圆形陶圈，用绳索吊装砌筑，省去了叠砌砖块的麻烦；南朝水井以砖砌居多，砌筑方法不一，有竖砌、侧砌、丁顺砌等；宋代石井取天然石材砌筑成六角形，相传是那时饮茶风气盛行，石井所出的水更加甘甜；清代则有瓦圈井，井径小而深，可以深挖而不容易塌坏。历代水井之中，则以南越的弧扇形砖井、南汉的丁顺砌砖井最为精美，作为王室的取水之地，水井的砌筑亦尽显皇家风范。

在这些水井当中，除了取水井，还有部分属于渗水井，类似后来的沙井，是专门为过滤下水道杂物、防止淤塞而设计的。无论是哪一种水井，在日常使用的过程中或多或少会有一些物件落入井中，随着时光的推移，这些水井就如一个个时间胶囊，把生活的痕迹保存下来，成为后人了解过去的工具。

▲　各具特色的瓦当，既折射出建筑装饰艺术的变化，也见证了城市中心地的发展脉络。

建筑艺术的发展:瓦当纹饰

和水井一样，文化层中有不少遗物都具有很强的时代特征，比如瓦当。南越国宫署遗址不仅出土了大量“万岁”瓦当，还有从秦代到清代的不同纹饰的瓦当。

秦代是广州建城之始，尽管中原地区在西周时已经开始使用瓦当，但在广州仍未见先秦时期的瓦当，说明直到秦军南下前夕，岭南还未出现大型的汉式建筑。秦代地层出土的瓦当，上饰云纹、树箭纹，是早期瓦当常见的纹饰。

汉平南越后，受到战火影响，宫署一带人烟稀少，出土的砖瓦建筑材料也不多。但从东汉早期开始，建筑材料比西汉中晚期明显增多，出土不少带“官”字戳印的瓦件和“万岁”瓦当。昔日王宫废墟经过休养生息重新成了官署重地。

南朝至隋唐时期，莲花纹成为瓦当纹饰当之无愧的主角。佛教传入中国后，佛教思想渗透到社会的方方面面。自东晋始，作为佛教圣物的莲花逐渐取代云纹成为瓦当的主流纹饰。

五代时期的南汉国以奢华著称，南汉王宫中釉色丰富、图案繁复的瓦当层出不穷，双凤纹、鸳鸯纹、兽面纹、莲花纹瓦当比比皆是。盛唐遗风、汉宫繁荣的景象犹在眼前。

宋元时期，市民生活日渐丰富，文人雅士辈出，同时受到瓷器纹饰的影响，花卉纹开始成为瓦当纹饰的主要题材。此外，象征吉祥的“大吉”“千秋万岁”文字瓦当也有发现。

明清时期建筑技术日渐成熟，越来越多枝叶花瓣都精雕细琢的花卉纹瓦当出现。这时的瓦当已经逐渐失去了其在建筑上的实际功用，变为装饰性的构件，因此尺寸也变得越来越小。

不同年代的瓦当放在一起，正如城市发展时间轴上的不同节点，映射出那个年代的城市景象。

▲ 明代《广州府舆地图》中记录了广东布政使司署及广州城内重要官署的所在，大多集中在今老城区中心一带。

历史文献与考古资料的相互印证

经过多年的考古发掘，南越国宫署遗址的丰富内涵大致被考古学家所了解，而历史上这里到底是一片怎样的地方呢？

明永乐年间《广州府境之图》、清雍正年间《广州府城廓图》都标注“布政司”在今北京路一带，南越国宫署遗址内发现的正是其东侧建筑群遗迹。

地图上的“布政司”全称“广东承宣布政使司”。明初沿用元代制度采用“行中书省”之制，洪武九年（1376年）改行中书省为“承宣布政使司”，并设布政使一职，掌一省行政事务，负责将国家政令宣达到府、州、县各地，所以称为“承宣”，简称为“布政使司”或“布政司”。清代时又称为“藩司”或“藩台”，也是因为其统领各府、州、县，犹如古代的藩镇，所以称为“藩司”。明、清两代的布政司主要都是负责省内的行政、财政和民政，地位相当重要。

在南越国宫署遗址中，出土了一块“广东布政司使”瓦片，恰好与历史的记载吻合。其实这处遗址又何止是明清布政使司所在，根据考古发掘，对照清末《广东城坊志》的记载，这里是秦汉时期的南海郡治与番禺县治、南越王宫、东汉番禺城、隋代广州刺史署、唐代岭南道署、南汉王宫、宋代经略安抚使司署、元代广东道宣慰使司都元帅府、明清广东承宣布政使司署所在。毋庸置疑，这里是岭南地区历朝历代的政治、经济和文化中心。

直到今天，这里附近依然密布省、市政府机关，北京路上的广东省财政厅、越华路上的广东省民政厅、吉祥路边上的广州市政府、东风中路上的广东省政府……沧海桑田，斗转星移，广州已经发生了翻天覆地的变化，但这里依然是岭南地区行政、经济、文化中心的所在地。

▲ 考古发掘以后，整理、研究和教育工作仍在进行。

考古工作的延续

书读到这里，已经接近尾声了。

时至今日，南越国宫署遗址的考古发掘已暂告一段落。合上这本“地书”，考古整理、研究工作却仍在继续。从遗址出土的历代遗物，坛罐碗碟、砖瓦碎片，足足装了上万筐，文物的清理、修复工作一直在进行着。文物保护工作者们将一片片破碎的陶片分类整理，比较完整的，修复成原来的形状；不能修复的，则作为文物标本，借助类型学解读当中包含的信息。

从1995年正式发掘开始，每往下清理一个文化层，记录的发掘日记、遗址图像、文物绘图等全部被妥善保存，研究人员正将它们分门别类，建立庞杂而细致的考古档案，汇编成考古发掘报告、出土文物图录等，供公众查阅。

从遗址解读到的信息，考古人员经研究整理成学术论文、专著，在南越国史、南汉国史、广州城建史等方面的研究硕果累累。

位于老城中心的宫署遗址，发掘后建成博物馆，既进行遗址原址保护，又可向公众做原址展示，还通过陈列展示和宣传教育活动，实现博物馆的公众教育和服务职能，让大众欣赏遗址，了解广州两千多年城市变迁的历史。

站在这座千年城址之上，从远古而来的文明之光正照亮着城市的未来，城市历史的新篇章正在被续写。

参考文献

[1] 广州市文物考古研究所，南越王宫博物馆筹建办公室．广州南越国宫署遗址 1995—1997 年发掘简报 [J]. 文物，2000(9).

[2] 中国社会科学院考古研究所，广州市文物考古研究所，南越王宫博物馆筹建处．广州南越国宫署遗址 2000 年发掘报告 [J]. 考古学报，2002(2).

[3] 广州市文物考古研究所，中国社会科学院考古研究所，南越王宫博物馆筹建处．广州市南越国宫署遗址 2003 年发掘简报 [J]. 考古，2007(3).

[4] 广州市文物考古研究所，中国社会科学院考古研究所，南越王宫博物馆筹建处．广州市南越国宫署遗址西汉木简发掘简报 [J]. 考古，2006(3).

[5] 南越王宫博物馆筹建处，广州市文物考古研究所．南越宫苑遗址 1995、1997 年考古发掘报告 [M]. 北京：文物出版社，2008.

[6] 南越王宫博物馆．南越国宫署遗址—— 岭南两千年中心地 [M]. 广州：广东人民出版社，2010.

[7] 麦英豪．广州秦汉考古三大发现侧记——文物保护与城市规划建设例举 // 麦英豪文集 [M]. 北京：文物出版社，2018.

[8] 罗燚英．明清时期广州五仙五羊传说流变论析 [J]. 广东社会科学，2015(5).

[9] 杨式挺．广州古城始建于何时 [J]. 羊城今古，1992(6).

[10] 张荣芳，黄淼章．南越国史 [M]．广州：广东人民出版社，2008.

[11] 易西兵．城市核心区的考古遗产——广州南越国遗迹的保护与展示实践 [J]．城市观察，2014(4).

[12] 麦英豪，全洪，李颖明．霜叶红于二月花——麦英豪先生访谈录 [J]．南方文物，2014(2).

[13] 张承志．文物保藏学原理：第 3 版 [M]．北京：科学出版社，2010.

[14] 麦英豪，黎金．汉代的番禺——广州秦汉考古举要 // 广州文物考古集：广州考古五十年文选 [M]．广州：广州出版社，2003.

[15] 章昀．南越国砖瓦规模化和标准化生产分析 // 西汉南越国史研究论集（一）[M]．南京：译林出版社，2015.

[16] 刘豫军．探析南越宫苑遗址菱形纹砖的装饰艺术特点 [J]．美术大观，2015(4).

[17] 种建荣，雷兴山，郑红莉．试论周原遗址新发现的空心砖 [J]．文博，2012(6).

[18] 项文．战国空心砖研究 [D]．郑州：郑州大学，2013.

[19] 廖原，廖彩梁．略论秦砖汉瓦 [J]．西北大学学报（哲学社会科学版），1995(2).

[20] 董睿．汉代空心砖的制作工艺与画像构成研究——以郑州、洛阳为中

心 [D]. 北京：中央美术学院，2013.

[21] 胡建 . 南越国“熊”纹饰的寓意 [J]. 文物世界，2007(5).

[22] 叶舒宪 . 秦文化源流新探——熊图腾与中原通古斯人假说 [J]. 学术月刊，2007(6).

[23] 叶舒宪 . “猪龙”与“熊龙”——“中国维纳斯”与龙之原型的艺术人类学通观 [J]. 文艺研究，2006(4).

[24] 李新，朱存明 . 海昏侯墓“熊形玉饰”的文化解读 [J]. 中原文物，2017(6).

[25] 徐心希 . “万岁瓦当”与武夷山汉城性质再研究 // 闽学与武夷山文化遗产学术研讨会论文集 [C]. 2006.

[26] 刘海旺 . 从三杨庄遗址考古发现谈汉代吉语文字瓦当的使用 [J]. 中原文物，2017(2).

[27] 谢晓燕 . 汉代“千秋万岁”瓦当文字源流考 [J]. 湖北第二师范学院学报，2009(10).

[28] 卢花 . 汉代瓦当的审美研究 [D]. 西安：西北大学，2012.

[29] 吴隽，王海圣，李家治，鲁晓柯，吴军明 . 南越王宫遗址出土罕见巨型釉砖的科技研究 [J]. 中国科学：技术科学，2007(9).

[30] 钱小康，程学华 . 略论物勒工名制度始于秦 [J]. 西北农林科技大学

学报（自然科学版），1995(S1).

[31] 徐国富．试述“物勒工名”制度[J]．科教文汇（上半月）,2007(3).

[32] 梁安和．试议秦的“物勒工名”制度[J]．咸阳师范学院学报，2002(3).

[33] 安家瑶．玻璃器史话[M]．北京：社会科学文献出版社，2011.

[34] 广州市文化局，西汉南越王博物馆，广州博物馆，南越王宫博物馆筹建处，广州市文物考古研究所．考古发现的南越玺印与陶文[M]．澳门特别行政区民政总署文化康体部，2005.

[35] 白寿彝．史学概论[M]．银川：宁夏人民出版社，1983.

[36] 宋少华．关于长沙走马楼吴简前期整理方法的观察与思考[J]．郑州大学学报（哲学社会科学版），2017(5).

[37] 汪力工．略谈长沙三国吴简的清理与保护[N]．中国文物报，2002-12-13(第008版).

[38] 金平．长沙走马楼出土饱水木简的保护技术[J]．江汉考古,2014(S1).

[39] 黄展岳．南越木简释文注释．“西汉南越国考古与汉文化国际学术研讨会”论文，广州，2008.

[40] 赵时俊．鸡骨占卜与八卦占卜之对比[J]．思茅师范高等专科学校学

报，2010(4).

[41]（英）崔瑞德，（英）鲁惟一．剑桥中国 秦汉史 [M]．北京：中国社会科学出版社，2007.

[42]（清）梁廷楠著；林梓宗校点．南汉书 后主本纪 [M]．广州：广东人民出版社，1981.

[43] 曾昭璇．南汉兴王府的土木工程 // 中国古都研究（第七辑）—— 中国古都学会第七届年会论文集 [C].1989.

[44] 曾昭璇．广州历史地理 [M]．广州：广东人民出版社，1991.

[45] 广州市文化局．广州秦汉考古三大发现 [M]．广州：广州出版社，1999.

[46] 麦英豪．广州文物志 [M]．广州：广州出版社，2000.

[47] 陈泽泓．南汉兴王府建设及其在岭南建筑史上的地位 [J]．岭南文史，2001(4).

[48] 高宁．南汉时期兴王府城形态结构初步研究 [D]．广州：暨南大学，2007.

[49] 周加胜．南汉时期广州城市布局及建筑研究 [J]．唐史论丛，2009(0).

[50] 李灶新．南汉国宫苑园林试析 [J]．广州文博，2012(0).

[51] 易西兵．五代南汉国遗存概述 [J]．岭南文史，2013(3)．

[52] 李灶新．岭南中心2000年：南越国宫署考古发掘记 [J]．大众考古，2013(4)．

[53] 李灶新．南汉国宫苑园林试析 [J]．广州文博（陆），2013．

[54] 广州市文物考古研究所．广州考古六十周年 [M]．广州：广东人民出版社，2013．

[55] 陈欣．南汉国史 [M]．广州：广东人民出版社，2010．

[56] 汪勃．再谈中国出土唐代中晚期至五代的西亚伊斯兰孔雀蓝釉陶器 [J]．考古，2012(3)．

[57] 汪震．从刘华墓出土蓝釉波斯陶瓶看海上丝绸之路的中外交流 [J]．福建文博，2013(1)．

[58] 易西兵．文献和考古材料所见五代南汉国的海外贸易 [J]．南方文物，2016(3)．

[59] 付宝姬．沿海唐五代时期孔雀蓝釉陶器的异域风格考析 [J]．装饰，2016(3)．

[60] 张志恒．中国考古通论 [M]．南京：南京大学出版社，2009．

[61] 马利清．考古学概论 [M]．北京：中国人民大学出版社，2010．

[62] 栾丰实．考古学概论 [M]. 北京：高等教育出版社，2015.

[63]（美）温迪·安西莫，罗伯特·夏尔．发现我们的过去 简明考古学导论：第 4 版 [M]. 沈梦蝶，译．上海：上海社会科学院出版社，2007.

[64] 南越王宫博物馆，中国社会科学院考古研究所，广州市文物考古研究院．南越国宫署遗址出土钱币选录 [M]. 北京：文物出版社，2018.

[65] 曾新．明清广州城及方志的城图研究 [M]. 广州：广东人民出版社，2013.

画面主创

创 意 总 监

龚　婷　管健嘉

画面设计排版

古婷婷　陈景泽　严妙仪

蔡小冰　游雅文　唐晓欣

李燕芹　黄虹云